U0666168

咨询顾问杂记

孙从青 —— 著

经济日报出版社

图书在版编目（CIP）数据

　　咨询顾问杂记 / 孙从青著 . —北京：经济日报出版社，2023.1
　　ISBN 978-7-5196-1255-9

　　Ⅰ . ①咨… Ⅱ . ①孙… Ⅲ . ①企业管理－财务管理－咨询服务 Ⅳ . ① F275

　　中国版本图书馆 CIP 数据核字（2022）第 248876 号

咨询顾问杂记

著　　者	孙从青
责任编辑	门　睿
责任校对	王阿林
出版发行	经济日报出版社
地　　址	北京市西城区白纸坊东街 2 号 A 座综合楼 710（邮政编码：100054）
电　　话	010-63567684（总编室）
	010-63584556（财经编辑部）
	010-63567687（企业与企业家史编辑部）
	010-63567683（经济与管理学术编辑部）
	010-63538621　63567692（发行部）
网　　址	www.edpbook.com.cn
E－mail	edpbook@126.com
经　　销	全国新华书店
印　　刷	三河市龙大印装有限公司
开　　本	710×1000 毫米　1/16
印　　张	12.25
字　　数	181 千字
版　　次	2023 年 1 月第一版
印　　次	2023 年 1 月第一次印刷
书　　号	ISBN 978-7-5196-1255-9
定　　价	58.80 元

版权所有　盗版必究　印装有误　负责调换

前 言

趁周末闲暇，将以前写的一些文字整理一下。这些文字，有的是命题作文，在长财咨询的微信公众号发表过；有的是给企业内训时的文字记录；有的是自由发挥，信马由缰。不管怎么样，这些文字都是我从事管理咨询工作以来的点滴心得，不时地回顾一下，也可以衡量自己是否有所进步。

分享出来的目的是希望能以此为契机，聚集一些有共同话题的人。如果我的文字能够对你有一丁点儿的帮助，那就更好了。

目 录

////////////

一

仗剑天涯——财会人员必备的十项技能

引言

人在江湖漂,哪能不带刀。财会专业和其他任何专业一样,在工作中都需要一些必备的工具和技能。领导交给我一个任务,写一个关于财务人员必备技能的专题文章,名字就叫作《仗剑天涯——财会人员必备的十项技能》。为什么是十项?不是八项,也不是十二项?而且长财课程上常说的是"账、钱、税、控、器"五项,现在要凑够十项,有点困难。从"君子六艺"的"礼、乐、射、御、书、数"到"四有新人"的"德、智、体、美、劳",再到"儒家五常"的"仁、义、礼、智、信",我从中凑出"信、礼、书、数、美"作为财会人员十项技能中的前五项,而"账、钱、税、控、器"等五项技能作为后五项。我个人感觉,财会人员的十项技能,就像冰山一样,分为水面以上的部分和水面以下的部分,"账、钱、税、控、器"就是水面以上的部分,容易看得见,而"信、礼、书、数、美"就是水面以下的部分,虽然看不见,但是起到的基础作用不可忽视。这个话题,大部分是我的个人理解,而非长财咨询给出的标准答案,如果大家对此话题有不同的见解,欢迎在"长财咨询"微信公众号与我沟通。

第一剑：信

无论如何，"信"都应该排在财会人员必备技能中的第一位。可能很多人认为，诚信是一种品德，而不能归为财会人员的技能。我认为，"诚"是要求"言由心生"，而"信"是要求"言行一致"，"诚""信"两个字不能简单地放在一起理解，"诚"是品德，而"信"更是一种技能。

会计的历史很悠久，帕乔利1494年出版的著作《算术、几何、比及比例概要》可以看成是现代会计的起源。随着商业的发展，过去个人投资、个人经营的小作坊、小商铺逐渐不适应市场竞争的要求，海外贸易、工厂化生产要求集中不同投资人的资金，交给经营者统一经营。如何让投资人相信经营者不会贪污、挪用资金？如何让投资人了解经营状况？如果让所有投资者清查账目，那又如何防止投资人泄露商业秘密？帕乔利发明的"复式记账法"就是为解决投资人、经营者之间的信息不对称问题而诞生的。

现代会计就是为解决"信"的问题而发明的，市场经济就是信用经济，信用是企业的安身立命之本，也是财会人员的职业价值所在。那么，如何理解"信"是财会人员的必备技能呢？企业要取信于人，财会人员也要取信于人，怎么让别人相信你，就是财会人员必须要掌握的一项基本技能。为什么那么多民营企业，都喜欢用老板娘、亲戚担任财会人员，这些老板娘、亲戚有没有学过财会知识，懂不懂财务都不重要，重要的是，老板觉得他们可靠，相信他们。

那么，财会人员如何才能让人相信呢？

第一，必要的学历和专业证书很重要。很多人说，学历和证书不代表能力，公司用人，看的是能力，而不是学历和专业证书。说的没错，公司用的是能力，不是学历和证书。但是，招聘人员在招聘的时候，怎么知道这个人有没有能力？特别是对于刚刚大学毕业、走上工作岗位的"职场菜鸟"，能够证明能力的，就是学历证书和专业证书。很多知名企业，比如华为，招聘宣讲会只会在 985 院校和少量专业对口的 211 院校举办。在万科，98% 以上的员工都是本科以上学历。招聘会过后，简历被扔在垃圾桶里面根本没有带走的，肯定是那些学历不够标准的。先有上船的机会，才有表现的机会；就算你是块金子，也要先从沙子里面露出来，才能让人发现你的光芒。所以，趁年轻，还是要把该考的证都考了吧。就算证书没太大作用，在考证中度过时间，也总比在泡沫剧、网络视频、手机游戏中度过更有价值。

第二，形成"事事有回应"的工作习惯。经过这么多年咨询的了解，我发现大部分企业老板对那些做事无反馈的财务人员最为失望。老板交给财务人员一件事情，这个财会人员会不会做不说，是否需要其他人员帮助不说，是不是需要资源投入不说。一天过去了，两天过去了，三天过去了，老板要求的时间早就过去了，财会人员就是不给老板汇报结果，以为能躲一天是一天，能拖一天是一天，等老板把这件事忘记了，这个事就算过去了。其实，不妨换位思考一下，这样的财会人员，可以把你自己想象成是老板，难道你不会对这样的下属很失望吗？

所以，作为财会人员，要想取得别人的信任，特别是老板（这里的老板是广义的老板，包括你的上级、你的业务关联人员）的信任，一定是要坚守"事事有回应"这条原则的。哪怕是无法完成的工作，也要及时反馈回来，这样老板也好及时采取替代方案。

当然，从企业管理的角度，也可以从技术角度把"事事有回应"落实下去。

首先，每次安排工作任务，都通过部门会议、总经理办公会议的形式，需要什么资源投入，什么人员、部门配合，可以及时提出来。

其次，会议都要形成书面的会议记录，工作任务要明确到责任人、完成时间和完成质量标准，会议结束后各责任人签字确认。

最后，每次开会的时候，第一个会议议程就是检查上次会议布置任务的完成情况，再做相应的记录。

在这样严格的监督条件下，财会人员感觉躲无可躲、拖无可拖，长此以往，也就可以养成"事事有回应"的工作习惯。

第三，专门学习一些逻辑知识。逻辑学作为联合国教科文组织规定的七大基础学科之一，在中国的教育系统中并没有体现出来。可能只有在语文老师讲授议论文写作的时候才有零星涉及。财会人员想让别人相信你，就得学会说服别人，摆事实、讲道理，就需要用到逻辑学知识。

有一个成语叫"春秋笔法"。孔子是鲁国的史官，给鲁国编历史书。很多人可能认为，历史是记叙文，最重要的是还原历史真相。错！从孔子开始，历史就是议论文，就是要用历史来证明修史者（统治者）的观点。齐桓公强令周天子去开会，为自己的霸主地位盖橡皮图章。孔子认为这件事让周天子很没有面子，就把这件事说成是周天子外出打猎。

财会人员要打破一个观念：财务人员提交给管理人员的财务分析报告，并不是要反映事实，而是要提出自己的观点，事实只是证明观点的材料而已。

因此，财会人员写的财务分析报告，或者做的现场财务分析报告，都是议论文，要明确地表达自己的观点。而不是记叙文，只是简单地描述事实。更不是像现在很多财会人员正在做的那样，只会罗列数字。

既然财会人员的核心工作成果是议论文，那就要学会议论文的写作方式。在逻辑学上，论证的基本方法有两个，一个叫归纳法，一个叫演绎法。这里举一个简单的例子来说明一下，比如，财会人员想要表达的观点是：销售团队的业绩表现不好。那么要怎么证明这个观点呢？按照"大前提—小前提—结论"这样的结构去论述。大前提：如果销售团队的实际业绩低于预算目标的80%，那么销售团队的业绩表现就是不好的。小前提：销售团队的实际业绩只达到预算目标的75%。结论：销售团队的业绩表现不好。

好，简单地总结一下。财会人员必备的第一项技能，取信于人，就是能够让别人相信你。在初次接触，别人不了解你的时候，用具备公信力的学历和专业证书证明自己。在实际工作中，不同的人能力有高有低，自然，能做成事情的难度各有不同。但是，都要养成"事事有回应"的工作习惯，让别人觉得你是一个靠谱的人。让别人相信你的观点，学会说服别人，就要学会具有逻辑力的论证方式。

第二剑：礼

在"君子六艺"中的"礼"，是礼节的意思，有五礼，分别为吉礼、凶礼、军礼、宾礼、嘉礼。我在这里引申为法律、流程和仪式。

在孔子那个时代，"礼""法"并没有那么严格的区分，所以荀子把"礼法"作为一个概念加以阐述。现代社会，社会规则更加明晰，不同效力的规则有了不同的称呼。无疑，法律是最具强制性的社会规则。市场经济，既是信用经济，也是法制经济，或者，在市场经济里面，法律的作用是让市场参与者保持信用的强制力保证。因此，财会人员作为社会信用体系的守护者，必然要对法律体系有一定的了解。

在中国目前的法律环境下，与财会人员有密切关系的法律非常多，比如《会计法》《合同法》《企业所得税法》《刑法》等。考会计职称、注册会计师等各类财会考试，经济法也是一门必考的科目。广义的来说，中国的会计准则体系也是法律，这一点和发达市场经济国家不同。

这么多法律，财会人员应该学哪些呢？怎么学？学到什么程度？

从我的经验看，可以分为初级、中级、高级三个段位。这里不包括会计准则体系、税法体系，这两个方面的法律在"账""税"两个模块中单独说明。

初级段位要求学习《刑法》《会计法》。首先要保证自己的安全，不能被别人卖了还帮别人数钱。要明白哪些事情能干，哪些事情不能干，干了有可能要坐牢。每一个财会人员在上岗之前就需要有一个清晰的认知。经济犯罪和暴力犯罪不同，暴力犯罪、杀人放火、盗窃强奸等，大部分人凭生活常识就知道不能干，干了要坐牢。而经济犯罪，很可能是在不了解法律规定的情况下稀里糊涂犯下的，或者，周围的人都在这么干，就认为这么做是没有问题的。知法犯法，不会罪加一等，不知法而犯法，也绝对不会成为免于处罚的理由。

中级段位，财会人员需要学习《合同法》《公司法》。这两部法律是财会人员在工作中经常要用到的法律，也是所有财会专业考试中必考的科目。当然，这里我列出来的法律并不多，但是，相比于初级段位要求，对《合同法》《公司法》的理解要上一个层次，除了大概了解法律条文规定外，还要能够有一定灵活运用的能力。

高级段位，这个层次的财会人员基本上要学习所有相关的法律，而且要学习一些法学原理，甚至还要学习一些国外的法律。比如，有一种很常见的经济现象，服装品牌商把衣服卖给零售商，经常在合作合同里面规定，零售商只能在规定的区域卖衣服，只能按照规定的价格卖衣服。服装品牌商可能认为这样的规定是为了维持自己价格体系的严肃性，是为了防止经销商"串货"。这在《合同法》里面是没有问题的，双方你情我愿，看起来也不影响国家、集体和其他人的合法权益。那么，这种规定到底是不是就没有问题呢？

有问题，这也是一种违法行为，违反的是《反垄断法》。纵向垄断是指在上下游、不具有直接竞争关系的经营主体间达成了排除竞争协议。纵向垄断实质上侵害了消费者的自由交易权和经销商的经营自主权。尽管因纵向垄断受到处罚的案例比较少，但是，企业如果存在这样的行为，就存在被处罚的风险。一个财务总监在参与企业销售策略制定的时候，对此应该有一定的了解。

还有，《证券法》以及证监会出台的一些规章制度，也是财会人员高级阶段必修的内容。企业少不了要和资本市场打交道，自己上市、被上市公司并购、引进私募投资等，都需要了解关于资本市场的一些法律制度。

"礼"的第二个引申为程序、流程。"流程变革""流程革命"的口号，在中国的企业界已经喊了很多年，但是，真正把流程做好的企业不多。像华为这样的著名企业，在流程方面做得比较好，也是花了很大成本、很长时间才达到目前的水平的。

那么，为什么很多企业流程管理做得不好呢？原因很多，既有环境、传统习惯的问题，也有组织保障、成本投入的问题，等等。

财会人员由于岗位职责的原因，天然需要有很强的流程意识和流程管理能力。首先，财会人员的"原材料"，也就是各种原始业务凭证，都是来自其他业务部门，而财会人员的"工作成果"，也是需要传递给其他的部门。所以，财会工作的"输入""输出"都在公司内部，和其他部门自然就有了流程关系。

其次，企业内部控制的要求，某些不相容岗位必须由不同的人员担任，对财会岗位要求尤其严格，也要求财会人员必须学会流程思维，习惯于流程化工作。

财会人员流程化思维和流程化工作方式较差，和中国的教育环境是有关系的。基本上大学教育中，财会专业是没有这方面专业课程的，在初级职称考试、中级职称考试中，也没有这方面的内容。据我了解，只有注册会计师考试的"审计"科目中，有一点流程化、体系化的思想在里面。

举个例子，一个公司财务部有 5 名会计人员，负责一共 15 个销售门店的核算工作。有两种安排工作的方式：第一种方式，5 名会计人员，15 个门店，每个会计人员负责 3 家门店的会计核算；第二种方式，把销售门店的会计核算工作细化为各个"工序"，比如入库、接收发票、核对账目、审核费用、付款审核、出具报表等，每个会计人员负责其中某一个"工序"或者几个"工序"，比如，负责与供应商对账的会计人员，这 15 家门店的对账，就都是由他一个人负责。

这就是两种不同的思想，第一种，像"分封诸侯"，一个人负责某门店的所有核算工作，没有牵制、监督，发生错误、舞弊很难被发现。而第二种，就是流程化思想，把会计核算工作看成一个"流水线"，一个"工序"接着一个"工序"。一方面专业化分工，降低上岗难度，提升工作效率，另一方面，各岗位相互牵制，相互检查，减少了错误、舞弊的可能性。

财会人员要想学习流程方面的知识，还需要自己主动去找这方面的书籍去学习。更为困难的是，流程是一门完全实践的学问，学了不用，等于白学。用，就要和其他人产生关系，如果只是一名基层财务人员，你怎么要求别人和你一样学习流程知识？所以，只有达到一定领导地位，才可能在本部门范围内应用、实践流程理念和知识。要想在公司范围内优化流程，就要具备说服老板和其他部门人员的能力。

"礼"的第三个引申为"仪式"。现在很多人经常说"生活需要仪式感"，过生日要生日蛋糕，情人节要玫瑰花，清明节要烧纸。其实，工作更需要"仪式感"，财会人员也是如此。

首先，很多公司里面，人员称呼很乱，什么"哥"呀、"姐"呀的乱叫，我认为这其实是一种非常不好的企业文化。企业是一种商业组织，营造成"家"文化是缘木求鱼、舍本逐末。老板口口声声把员工当"兄弟姐妹"，涨一分钱工资却比挖他肉还要痛，这不是和某相声演员说他老婆怀孕期间没有收入、所以要离婚一样无耻吗？所以，商业组织就应该有商业组织的仪式感，称呼应该正式，经理就称为经理，主管就称为主管，一般员工就称名称，称为"张会计""王出纳"也可以。

其次，服装、仪容仪表要有仪式感。在企业、公司里面上班，服装一般要穿正装，或者穿公司统一的工作制服。财会人员应该给人严谨、庄重的感觉，所以，奇装异服、奇怪的发型显然都是不合适的，这是初入职场的"菜鸟"们特别应该注意的。

最后，做事应该有仪式感。中国人谈工作上的事情，喜欢在酒桌上解决，大概是想把别人灌晕了，好占点便宜，这就是一种缺少仪式感的表现。公司开会，应该按照既定的流程仪式进行，比如，首先要全体起立，奏放国歌。财会人员的日常工作，不一定要严肃到这种程度，但是，还有很多细节需要注意的。比如，（1）工作汇报，要么用书面的 PDF 格式，要么用 PPT 演示加口头汇报；（2）日常交流，通过公司的电子邮箱，或者公司的 OA 系统，或者公司的 ERP 系统，而不是日常生活所用的即时通信软件；（3）开会安排工作，做好会议记录，签字确认；（4）尽量在办公室里面商谈工作的事情，在上班时间谈工作的事情；（5）谨慎使用自己的签名和印章，一旦签名，即表示承担责任；（6）不能因为很熟悉，就打破不相容职务的限制，比如，出纳把 U 盾交给别人保管，该上锁的办公柜不上锁，该突击盘点却碍于情面提前通知等等。

做一个简单的总结，"礼"引申出三个含义：法律、流程和礼仪。知法守法，学法用法；贯彻流程思想，优化工作流程；工作就要有工作的样子，工作也要有仪式感。

第三剑：书

在"君子六艺"中的"书"，我觉得不是书法的意思。孔子时代，既没有纸张，也没有毛笔，字都是刻在木片或者竹片上面的，所以，肯定没有现在的所谓"书法"，如果说"书"是在木片上刻字的时候，要刻得漂亮，那可以勉强归入"篆刻"里面。"书"在百科里面的解释是"六书"，就是造字的六种方法，显然，现在是不能再造字了。所以，我在这里，把"书"引申为财会人员必备技能：书写、输入、作文。

在电脑没有普及的时代，财会人员的书法是一项重要技能。因为财会人员不但经常要签字，而且要填写会计凭证，要记账，如果字写得太难看，让别人看不懂，或者看起来费劲，显然是影响工作效率的。所以，以前的财会人员，必修课之一就是书法，重要性不下于教师要练习板书。我还记得我上大学的时候，要在印刷的账本格上面练习写阿拉伯数字，高度、宽度要一模一样，写得好的同学，那数字写得与打印字体无异。

现在，做账基本上都是用电脑了，会计凭证是电脑键盘录入的，账簿是打印机打印出来的，支票也是支票打印机打印的，书法的重要性显然大大下降了。那么，是不是会计人员就不用练书法了呢？显然不是，还是有必要把字写得好看一点的。至少，会计考试还没有全部电子化，写试卷写得清楚美观，阅卷老师都可能多给2分。盘点的时候，要填写盘点表（当然，也可以使用盘点终端机，直接出电子数据，但是，现在很多企业没有用这样的电子设备），我在很多公司，都看到因为填写盘点表的时候，字写得太乱，导致后面录入数据的时候发生错误的情况。日常工作中，很多单据，如收据、交接单等，还是直接用笔写来得快一点。因此，现在对财会人员，书法的重要性虽然下降，但是，至少应该把字写得端正、清晰，特别是阿拉伯数字，要写清楚，不能让人误解。

与写字对应的是，现在财会人员用键盘录入的机会大大增加了。对于基层财会人员而言，很大一部分工作内容就是单据录入，所以，录入的速度、准确性就显得非常重要了。

以前算盘是财会人员的必修课，我还记得我上大学的时候，珠算是必考科目，考试之前，宿舍整天都是一片噼里啪啦打算盘的声音。现在计算都用计算器，我在事务所上班的时候，我的领导就可以盲打计算器，几个手指头协同工作，运指如飞，非常快。我自己在刚开始工作的时候，感觉自己比老员工多的一个优势就是电脑录入的速度快。

我在做咨询项目的时候，问过很多公司的财务人员，你们的录入速度能不能达到一分钟100个字，我得到的答案是基本没有。现在大部分的财会人员，录入速度都不是很理想。甚至，我还看到有财会人员用"一指禅"敲打键盘的，连简单的全指盲打都做不到，这样的财会人员，你可以想象他的效率不可能高。

也许是我们那个年代，流行网络聊天软件，很多人都是为了在网上聊天才去练习电脑打字的，现在大家都用手机聊天了，还能直接发语音，所以就没有练习电脑打字了。

不论如何，即使你的公司已经使用ERP，财务数据都是从业务系统传递过来的，不需要单据录入了，财会人员也是需要进行文字、数据录入的。比如，老板让你写财务分析报告，做个会议记录，总要有文字性的内容需要录入。

文字录入的第一个要求，就是全指、盲打。即使你的水平再高，如果被人看到拿"一指禅"在那敲打电脑键盘写财务分析报告，"高人"的人设也会瞬间崩坍。

第二个要求，是速度。专业的打字员，一分钟可以录入200个字，财会人员不需要达到这么高的水平。一般人在讲话的时候，语速是每分钟150字左右，如果要做会议记录，录入速度要达到120字。如果120个字都不能达到，再降低一点要求，每分钟80个字，勉强能算及格。

这个技能没有什么难度，很快就能见效。就是要练习，现在网上有很多这样的练习软件。如果普通话不好，可以使用模糊拼音或者五笔字型输入。

"书"最后一项引申含义，是要会作文。这一点在"信"里面也提到，如何有逻辑力地论证自己的观点。

财会人员的作文能力，和文采无关。

商业文书，基本上都有固定的架构，财会人员需要做的，第一个就是要学习、了解各种文书的固定结构。比如，像上市公司的年度报告，要包括哪些内容，如何安排内容，证监会都有规定，按照规定一项一项写就可以了。

第二个要学习的内容是分析问题的框架。比如，我们在做经营环境分析的时候，常用的框架就是 PEST 结构，分别是政治、经济、社会、技术，财会人员就是要按照这几个方面，分析企业所处的环境。再比如，分析企业的行业环境的时候，我们最常用的是波特五力模型，分别是供应商、客户、现有竞争者、潜在进入者、替代产品，我们可以按照这五个方面去描述企业所处的行业环境。我们写工作总结，可以使用 KPT 结构去写，K 就是保持，P 就是问题，T 就是尝试。现在的做法，哪些是好的，需要继续保持，哪些还存在问题，是需要改变的，还有哪些方面，是需要去尝试的。

第三个要学习的内容，就很多了。就是要充实自己知识面，天文地理、人文科技、古今中外，知识面越广，能够用来证明自己观点的事实和根据就越多，也就越能说服别人。但是，这一点急不得，只能靠平时慢慢积累。

最后一点，也是特别重要的一点，就是写，不停地练习。不动手，再多的理论，也永远只是理论，只有坚持不断地练习写作，丑媳妇也要见公婆，不怕动笔，不怕交流，不怕出丑，积累多了，才能逐渐进步。

对今天的内容做一个简单的总结。财会人员写字要清晰易懂，阿拉伯数字书写尤其要规范；汉字大写绝对不能写不出来，或者写错，否则就太给会计这个职业丢人了；做到能盲打计算器，电脑键盘录入速度不能低于每分钟 80 个字；练习商业文书的写作，慢慢积累，终会有所突破。

第四剑：数

这不废话吗？财会人员天天和数字打交道，肯定要有数字技能。那么，这个"数"该如何理解呢？

第一点，我觉得财会人员应该有较强的短期数字记忆能力。在电影《当幸福来敲门》里面，主角能够在有不断干扰的情况下，记住一串数字，这一点帮助他最终成为千万富翁。可能很多人会说，这是电影，这个人有主角光环。现实生活中，这样的能力也无关紧要。但是，我有一次在政府服务大厅办一项业务的时候，发现这个能力真的非常重要。

我在服务大厅柜台提交资料后，办事人员需要把我的身份证号码和营业执照上面的统一社会信用代码录入系统。我看见这个办事人员看我的身份证一眼，然后在电脑键盘上面录入三个数字，然后又看一眼身份证，再录入三个数字，又看一眼，又录三个数字……一共18位身份证号码，他看了不下五遍，全部敲完之后，他又一段一段核对一遍，重新看了五六遍身份证。录一遍身份证号码，我感觉他花了至少两分钟。在录入统一社会信用代码的时候，他也是如此，也可能花了有两分钟。怎么说这个办事人员呢？说他反复核对，是认真负责？还是说他是记忆力太差，导致录入效率太低？

我们经常碰到这种情况，一手拿着报表，一手拿着计算器，计算财务指标。比如，计算一下毛利率，先输入收入，然后减去成本，再除以收入。如果短期数字记忆能力强，能看一眼记住8位以下的数字，那么，看一眼报表，记住收入数字，在计算器上录入，然后再看一眼报表，记住成本数字，然后就能在计算器上算出结果。如果短期记忆能力差，录入8位数字，需要看三遍报表，计算的速度就会显著下降，别人都会看着你着急。

那么，这样的短期记忆能力是天生的吗？能够通过锻炼来提高吗？

答案是肯定的。短期记忆能力是可以通过锻炼提高的，短期记忆，又称为电话号码式记忆，就像你问别人一个电话号码，别人告诉你，你马上拨号，电话打通之后，你就会把这个号码忘掉。短期记忆，一般在20秒之内，不超过一分钟。科学研究发现，大部分人的短期记忆容量是7±2，就是能短期记住5—9个数字，无关联的汉字能记住6个。

具体如何锻炼、提高短期记忆能力，大家可以到网上找方法。这里能说的是，短期记忆能力提高，一方面会大大提高你的工作效率，给人的感觉是效率很高、能力超强，就像电影《当幸福来敲门》里面演的那样。另一方面，我们常说的，对数字敏感还是不敏感，也是数字的短期记忆能力的表现。对数字的记忆训练越多，你会感觉自己越来越对数字敏感。

财会人员"数"技能的第二个要求，是要有一定的统计学知识，或者用时髦一点的说法，是应该具备大数据意识。如果是科班的会计专业毕业，统计学是必修课程，应该是具备一定的统计学知识的。而仅仅是考个会计从业资格证或者初级会计师资格，然后转到会计这个行业的，可能就会缺乏相应的知识。

我在给企业财会人员做培训的时候，发现很多财会人员对中位数（中值）这样的概念都不了解，也不理解增速变化率这样的概念。这就是没有学过统计学的表现，或者即使学过，也早就还给了老师。

财会人员在做财务分析的时候，一定会涉及很多统计学概念。所以，财会人员如果以前学过，则可以复习一下，如果从来没有学过，则有必要系统地学习一下。

财会人员"数"技能的第三个要求，是要有一定的数据处理能力。除了要具备统计学知识外，还要求掌握处理工具，比如Excel的应用，这个在"器"里面再做说明，在此不再赘述。

财会人员"数"技能的第四个要求，是要有一定的数学知识。小孩子上幼儿园之前，学会说话之后，学的第一类知识恐怕就是数数。小学要学数学，中学要学数学，上了大学，如果学的是财会专业、管理类专业，一定还会学高等数学。但是，我感觉很多人一旦毕业了，就把以前学的数学彻底忘记了。我在给企业招聘财务人员的时候，出的笔试题目，都是一些初等数学题目，但是，能够做对的候选者不到一半。比如，下面就是这样的一道题目：

毕业了，寝室的 5 个人需要分书架。一共有 3 个一模一样的书架。把这 3 个书架分给 3 个人，然后分到书架的 3 个人各拿出 1000 元，平均分给其余 2 人。这样一分，大家都觉得挺合理的。

问：一个书架是多少钱？

很多人的感觉是：上学时候学的数学，除了考试有用外，在现实生活中，或者在工作中，是用不上的。真的是这样吗？

只能说，如果你用上了所学的数学知识，那你的层次就上去了。如果你感觉数学没用，那就说明你还在一个低级别的层次里面混。

比如，计算经济订货量、现金最佳持有量，需要用到导数知识；下料决策、最优路线等测算，需要用到线性代数知识；分解混合成本，需要用到最小二乘法；计算时间价值，需要用到指数知识；等等。

如果仅仅是做财务会计的话，可能用到初等数学知识，如四则运算、分数计算基本就可以了；如果做管理会计，对数学的要求就要高很多；而如果进入更高级别，比如金融工程，则很多人本身就是数学家。

现在还记得，我在做上市公司审计的时候，为了复核期权定价，研究期权定价模型花了两个星期的时间，真是不堪回首。

做个总结，"数"是财会人员基础技能，以数字敏感为基础，上无止境。能达到什么层次，就看自己的天赋与努力程度了。会的越多，回报自然越多，上天不会辜负每一个努力的人。

当幸福来敲门，你做好准备了吗？

第五剑：美

由我这样一个中年不油腻的大叔来讲这个主题，是不是感觉怪怪的？或者，是不是很多人怀疑我又是在准备水字数？有图有真相，大家先看下面的这张图片。

大家都认识吧，这是三本会计凭证。你们公司的会计凭证能装订得这么漂亮吗？

这就是我这一篇的主题：美。

财会人员对"美"的追求，主要体现在这几个方面：

第一，干净整洁的办公环境；

第二，齐齐整整的各类凭证、账本等纸质文件；

第三，简洁、漂亮的报表、PPT。

首先说办公环境。我工作20多年来，做审计、做投资、做咨询，基本都要和财务部门打交道，去过的别人家的财务部办公室的次数已经不计其数。我总结出来大部分公司的财务部办公室有下面几个特点：

第一个特点是"小"。大部分公司，财务部就像后娘养的，舅舅不疼，姥姥不爱，不受老板重视。所以，能够分配到的办公室空间就非常有限，一般在角落里面留个小房间给财务部。以前因为税局的要求，财务部还必须安装铁门、铁窗。我每次看到这样的办公室，总想起一首歌："铁门啊铁窗铁锁链……"

财务部办公室的第二个特点就是"满"。各种单据、凭证、账本、合同等文件资料堆满办公室。还有各种各样的办公设备，如复印件、发票打印机、税控机等。走路都得提心吊胆，要是一不小心把某人装凭证的筐给打翻了，后果就是吃不了兜着走。

财务部办公室第三个特点就是"乱"。年少无知的时候，对小姐姐、小妹妹们充满幻想，总以为小姐姐、小妹妹们的闺房也是像小姐姐、小妹妹们一样让人赏心悦目。长大后上了大学，有幸去过一次女生宿舍，曾经的幻想彻底崩塌。财务部也是一样，大部分财务部都是以女员工为主，这样，零零碎碎的小东西、零食等个人物品就会比较多。因此，很多财务部都会显得很乱。

"一屋不扫，何以扫天下"，不要向爱因斯坦看齐。财会人员先把你的办公桌、办公室整理得干净、整洁。文件、资料一堆乱糟糟地放在办公桌上，或者，放在柜子里，找起来就不方便，甚至丢了都不知道。这是经常发生的事情，某些发票找不到了，直到后来某人离职的时候，才在他的办公桌里面发现这张发票。

要把对工厂、车间的"4S"管理要求一样应用到办公室管理当中，每样物品归位，用完之后立即放回它固有的位置。文件、资料分门别类地放在柜子里面，做好标签，方便查找。不要在办公桌上面、柜子里面存放私人物品。确认没用的、作废的纸张马上销毁，不要还放在办公桌上、柜子里面占着地方。定期交叉检查办公桌，清理整顿。

再说一说凭证装订问题。记得以前我刚进入公司工作的时候，公司装订凭证，还是用锥子、棉线来装订的，还真是一门技术活。把凭证左拍拍、右拍拍，上下左右都对整齐，然后用锥子在左上角锥几个洞，再用粗棉线穿到里面，绕来绕去，拉紧，结死扣。具体细节我也记不清了，直到离开第一家工作单位，我也没有学会怎么装订凭证。现在科技进步了，都有专门的凭证装订机，装订凭证要容易很多。但是，我还是在很多公司，看到凭证很乱。

首先，原始凭证要用胶水粘贴起来，不能用订书针钉在一起，或者用曲别针夹在一起。否则，容易脱落，时间长了生锈，还会导致凭证非常不平整。粘贴的时候注意不要把有用的信息粘住了，比如有的车票金额在票面左边，如果胶水放多了，很容易就把金额数字粘住了，后面的人就看不到金额数字了。其次，要平铺粘贴，不能都集中粘贴在左侧造成不平整。当然，如果左侧装订位置粘贴之后特别薄，形成"小头大肚子"，就要用纸折成条垫在那里。总之，粘贴凭证最终要形成的效果就是大小一致、平整，不能盖住有用的信息。粘贴好了之后，立即用平整的重物压在上面，把凭证压平。

在给一家公司做咨询的时候，他们财务人员问国家有没有规定，粘贴原始凭证有没有顺序要求，说他们的主管国资部门在检查他们的会计凭证的时候，认为他们凭证的粘贴顺序不对。请恕我才疏学浅，真不知道国家是不是规定过原始凭证要按照什么顺序粘贴。我认为公司可以自己规定粘贴顺序，比如，可以规定按照"会计凭证—报销单—发票—发票清单—银行回单—入库单—合同"这样的顺序粘贴凭证。

粘贴好凭证之后，就要装订凭证了。建议在装订之前，再次检查一下凭证是不是完整，按照凭证号检查一遍。要是装订完才发现缺号，只能拆开重新装了。大家都喜欢原装的，重装的凭证，看起来总是不那么顺眼。装订凭证，最高境界是上下左右四个边沿都是整整齐齐的，如果实在是"臣妾也做不到啊"，那要保证下边沿和右边沿是整齐的。摆放凭证，下边沿是接触柜子的，如果下边沿不整齐，有的纸张突出来，时间长了，突出来的纸一定会卷起来，看起来乱糟糟的。如果左边沿不整齐，可以用裁纸刀把它切整齐了，涂上胶水，把封皮贴上，然后用尺打磨一下，装订好的凭证就能像上图一样，有棱有角，和装订好的书本一样。

在此强调一下，不要省那点买装订机的钱，一定要用专业的凭证装订机把凭证装订好。我甚至还看到有的公司用穿孔夹装订凭证的。对，就是像下图里面的这个东西，有的是用铁皮做的。这个东西不可能把凭证装订紧，凭证看起来一定是松松垮垮、乱糟糟的，凭证里面小的原始凭证，比如支票头，很容易遗失，如果是铁皮做的，时间长了会生锈。

穿孔夹

最后，简单说一下文档、表格、PPT的美化问题。

其实，这是一个很大的课题，有很多东西需要财会人员去学习。我在这里给大家讲几个原则。

第一，财会人员要有这个意识，自己报给领导的书面报表、报告，就像自己的一张脸一样，是要给别人看的。不要求都整容整成锥子脸，至少应该清清爽爽，让人看着舒服。所以，不妨在把报告、报表交出去之前，自己先看一下，就像自己出门之前要照镜子一样，看看能不能出去见人。

第二，表格宽窄适当，尽量平均。比如资产负债表，从左到右，应该是"资产项目、行次、期末数、年初数，负债及权益项目、行次、期末数、年初数"这样 8 列，至少整个表格是在纸张中间的（如果是要左侧装订，则左侧可以预留装订线位置），左边 4 列和右边 4 列的宽度是一样的，"资产项目""负债及权益项目"两列宽度一样，两个"行次"列宽度一样，"期末数""年初数" 4 列宽度一样。除了第一行"资产负债表"可以用"小三"字体外，其他的字都用相同大小的字体，表格的高度都要一样。

第三，字体不要太多。一般做表格，一种字体就够用了，常用"宋体"或者"微软雅黑"。做 PPT，"微软雅黑"是安全字体，适用的范围比较广，使用的字体尽量不要超过三种。

第四，颜色不能太杂乱。太多的颜色让受众眼花缭乱，抓不住重点，建议 PPT 颜色也不要超过三种。在电脑上面做完 PPT 之后，最好能预先在投影上看一下效果。有些颜色搭配，在电脑屏幕上看着还可以，但是，用投影投射出来的时候，很可能看不清。

第五，注意行间距。单倍行距太小，双倍行距太大，比较合适的行距是 1.2 或 1.3。

简单总结一下，财会人员，不但要心理美，也要外在美。整洁有序的办公环境，既能够让自己每天心情愉快，也能提升工作效率。把我们的工作成果，视为自己的"产品"，给它一个漂亮的包装，毕竟，这是一个看颜值的时代。

第六剑：账

"做账的"，是非财会人员对财会人员职业内容的第一感觉。在《会计法》里面，也明确规定"核算"是会计的基本职能之一。财务的其他职能，比如预算、业绩评价等，也是需要建立在会计核算的基础之上的。会计核算，基本可以理解就是做账，学会计，第一步也是学做账。因此，账，应该是财会人员的基础职业技能。

看起来只是一本账，背后有很多故事，真是三天三夜也说不完。因此，我简单地介绍把"账"做好，财会人员需要做哪些事情。

第一，财会人员要把账做对、做好，要学习相关的会计规范。会计规范的内容很广，从前面提到的《会计法》《企业会计准则》，到《会计基础工作规范》《会计档案管理办法》等。在这些会计规范里面，《企业会计准则》内容最多，难度最大，因此也是需要财会人员花费最多的时间、精力去学习的内容。

第二，财会人员要学会对财务部门的组织管理。所谓组织管理，就是部门宗旨、职能、岗位分工、业务流程、业绩考核等。一个稍微上点规模的企业，财务工作都不是一个会计人员就能完成的。会计人员多了，这么多人怎么安排任务、工作流程，怎么评价每个财会人员的工作业绩，就是财会人员，特别是财会部门负责人需要考虑的问题了。另外，财务部门在企业内的作用是什么，能够为企业发展做什么，与其他部门如何配合工作，如何相互制约，也是财会部门负责人需要考虑的问题。

第三，财会人员需要考虑使用什么工具做账。现在很少有企业还使用手工账本了，大部分都是购买财务软件，使用财务软件来做会计核算工作。财务软件的品牌、版本非常多，财会人员需要根据本企业的特点，选择适合本企业的财务软件。

第四，财会部门要出什么报表。财会人员的主要工作是做账，但是，对外报送的工作成果是报表。财会部门需要考虑，给企业内部、外部各使用部门提供什么报表，什么时间报送。要求的报表不同，也会影响如何做账。对账簿设计的基本要求，就是要求报表能够从账本里面直接做出来，而不需要额外的数据处理工作，这样一方面提高效率，另外也能提高数据的准确性。

如果你被任命为一家企业的财务部门负责人，走马上任，怎么开展这家公司的会计核算工作呢？

所谓"知己知彼"，方能战无不胜。做工作也是如此，"新官上任三把火"不能瞎烧，而是应该"烧"到点子上，因此，首先要做好对现状的调查工作。

自己将要开展工作的这个企业属于什么性质？国有企业、民营企业、上市公司、外资企业？企业属于什么行业？有多大规模，比如多少人，年营业额能有多少等？有没有上级主管单位？

这个企业有哪些部门？各部门的职能是什么？企业人员的基本素质如何？企业管理水平怎样？

企业有哪些产品或者服务？原材料是什么？怎么采购？怎么销售？商业模式、业务流程是什么？

企业面临怎样的税务环境？交哪些税？有没有税收优惠？等等。

除了对企业的整体状况、业务状况要有所了解外，财会人员，特别是财会部门负责人，要想做好自己的工作，还要对财会核算现状做一些了解，除非自己完全是从头开始。

现有的财务部门组织机构是如何设置的？有哪些岗位？每个岗位是如何分工的？

有没有使用什么财务软件？权限如何设置？科目体系如何设置？报表如何设置？等等。

财会部门负责人在了解自己所处的环境之后，就可以开始考虑如何开展自己的工作了。任何工作都是需要人去落实的。所以，财会人员的一个重要工作，也是进行会计核算，也就是"做账"的基础工作，是做好会计机构的设置。

会计机构的设置可以考虑如下几个原则：

第一，考虑管理的需要。会计是为管理服务的。比如在大型集团，子公司的财务核算，是子公司成立独立的财务部门，还是在集团公司成立财务共享中心？这要服从公司的整体战略安排，也要符合国家的法律规定。例如，上市公司要求财务独立，那上市公司的财务核算，必须独立于它的控股股东，就不能成立财务共享中心。

第二，考虑会计机构的规模。一家企业，到底需要几名财会人员？很多民营企业老板，总觉得自己公司的财务人员太多了。这个问题没有标准答案，和企业的行业性质、业务复杂程度、对财务工作的要求、管理水平、信息技术的应用等多方面因素相关。从上市公司披露的情况来看，财会人数占公司员工总人数的比例为3%。不同的地区，财会人数占员工总人数的比例也各不相同，比如，北京地区为4.7%、上海为4.9%，这算比较多的，而比较少的，如山西，财会人数只占员工总人数的1.3%。

财会人员，特别是财会部门负责人，需要把工作细化、量化，再考虑人员的工作能力、工作效率、内部牵制的需要，以及企业能够承担的成本等多种因素，综合考虑，确定财会机构需要配备几名员工。当然，这也不是一成不变的，企业的业务规模会变化，财会人员也会变化，所以，需要根据情况的变化，审时度势，对财务机构及时做出调整。

第三，会计人员的资质要求。《会计法》规定，担任单位会计机构负责人，需要具备会计师以上专业技术资格，或者从事会计工作三年以上经历；所有的会计人员，应当具备会计从业资格。现在已经取消了会计从业资格证书，但是，对会计人员的专业水平要求没有降低，继续教育成为必备条件。企业在招聘财会人员，安排会计人员工作岗位的时候，需要考虑人员的专业资格水平。

第四，岗位分工。不同企业，规模大小、业务内容各不相同，会计机构的岗位设置也不相同。一般而言，一家企业需要在会计机构内设置这几个岗位：

会计主管岗位、出纳岗位、财产物资核算岗位、存货核算岗位、薪资核算岗位、成本费用核算岗位、往来结算岗位、总账报表岗位、稽核岗位等。

如果企业规模很大，可以一岗多人，如果规模小，也可以一人多岗。需要注意的是，在一人多岗的时候，需要考虑不相容岗位不能由同一人兼任，比如，出纳不能由会计兼任。

写了这么多，好像还没有写到底如何做账。确实，这个内容太多了，还有会计档案管理、会计科目设置、会计政策、会计软件选择、会计摘要规范、会计凭证规范等内容，这些都需要财会人员去学习、实践。

第七剑：钱

"钱"是我的最爱，相信也是各位读者的最爱，终于到了这个激动人心的话题了。"数钱数到手抽筋"，是无数人的梦想，唯独不是财会人员的梦想，准确地说，不是出纳的梦想。因为，太容易实现的，就不是梦想。

"钱"散发迷人光辉，无数人对它蠢蠢欲动，所以，对"钱"的管理，对于企业财会管理来说，至关重要。要管好"钱"，首先要明确资金业务的特点。

企业资金业务数量多、范围广、涉及人员多。买材料、付费用、发工资、交税金等，都会发生"钱"的收付；企业各项业务，几乎都和"钱"有关。因此，财会人员作为企业资产的"守门人"，要时时刻刻睁大眼睛，打起十二分精神，防止发生资金风险。

哪里有"钱"，哪里就存在对人性的考验，就容易发生错误和舞弊，所以，财务管理是企业管理的核心，资金管理是财务管理的核心。资金收付的内部控制，是企业整体内部控制设计的一个关键点。资金内部控制基本要求包括：

第一，遵守国家关于资金管理的各项法律法规、部门规章等制度规范。比如，不得坐支现金，按照规定范围使用现金，遵守反洗钱规定等。

第二，使用相互牵制、稽核审计等控制手段，防止发生资金风险。比如，钱账分开，将资金的收付与记录分开，也就是出纳管钱，会计记账，不能由同一人兼任这两个岗位；由会计到银行取得银行对账单，并编制银行存款余额调节表，会计主管复核银行存款余额调节表；审计人员独立核查银行存款余额；财务印章由不同的人员管理，银行U盾由不同的人员管理；妥善保管各种银行密码；定期、突击盘点现金；等等。

第三，完善报告制度。出纳处理现金业务要日清日结，出具现金日报表。

第四，建立财务轮岗制度，定期调换出纳职务，不能让一个人长期从事出纳业务，防止发生舞弊行为。

资金管理是非常复杂的，一篇文章无法面面俱到。我在这里，就一些常见的企业内部关于资金管理的难点做一些介绍。

在很多行业，难免发生现金收入业务，比如，餐饮、小额零售等，尽管现在互联网支付发达了，大家都使用手机支付，但是，也还存在使用现金支付的情况。现金收入业务在未被记录下来之前，最容易出现漏洞，给舞弊提供可乘之机，且舞弊行为发生之后，很难找到线索和证据，即使在营业场所安装监控摄像头，那后期复核工作量也非常大。所以，保护现金收入，关键点是在现金进入企业之时，立刻记录下来。及时、准确地记录，既可以防止违规行为的发生，也能作为查找舞弊的线索。

比如，在设置"收银台"的零售企业，销售流程如下：销售员开具销售小票，顾客拿销售小票到收银台交款，收银员收款后，在销售小票上面盖"收讫"印章交给顾客，顾客拿盖上章的销售小票再去找销售员取货。

在上面流程中，销售员、收银员各持现金收入的记录，每天营业结束，销售员将销售小票汇总交给会计部门，收银员登记现金收入流水，也将收款汇总单交给会计部门，会计部门将双方的数据核对无误，编制记账凭证并登记入账。这个流程的关键点就是，销售开票、收款、核对三项工作内容进行了分离，分别由销售员、收银员和会计负责，这三者之间形成互相牵制关系，达到内部控制的效果。

但是，有些企业规模较小，或者出于成本考虑，没有设置专职的收银员，那么，应该怎么办呢？

这样的企业，可以考虑采用"售价金额核算法"控制现金收入业务。在这种情况下，销售员直接收取销售款（现金），但是，库存商品明细账反映的是各个柜台（实物负责人）持有各种商品的总售价，因此，通过每日营业结束盘点结存商品的总售价后，也可以算出各柜台实际收取也应该交回的现金总额，从而达到内部控制的目的。简单地总结一句，就是早上交给这个销售员多少金额的货，到晚上这个销售员就应该还回来多少金额的现金以及剩货。

有些企业，会发生收取现金，但是并没有发生对应货物流转的业务，比如，物业收取押金，健身房收取会员费等。这种情况该如何控制呢？

出纳在收取交款人交来的现金时，要开具事先印有连续编号的"现金收据"，收据采用复印的方式，一式三联，加盖上财务专用章和出纳章，交款人签字后，其中一联交给交款人作为交款凭证，一联交给会计部门作为记账依据，一联交给出纳留作存根。会计部门对出纳交来的收据逐一核对，除了核实内容是否真实、完整外，重点检查编号是否连续，如果出现漏号，要及时查明原因。作废的收据，必须三联全部盖上"作废"印章，一并交给会计部门存档保管，绝不能把作废收据撕掉或者扔掉。

上面的流程中，填写收据的人和在收据上盖财务专用章的人，还可以分开。收款、开票分离，可以强化现金收款业务的控制。

在资金支付方面，企业的大部分资金都是通过银行账户支出的，受到银行的外部控制，一定程度上可以减少错误和舞弊的可能性。企业需要做好相应的内部结算凭证控制。比如，妥善保管各种结算凭证，特别是现金支票和转账支票；出纳开具支票，应该由财务主管加盖其中一个印章，不能是出纳加盖全部银行预留印鉴（人名章、财务章）；专人保管已用、未用结算凭证，定期检查；不得开具空白支票；随时与银行对账等。

重复支付采购货款，是企业比较容易发生的错误、舞弊行为。对此，财会人员应该从业务流程、工作责任心、信息沟通等方面，完善企业内部控制，防止发生此类状况。

第一，原则上不允许根据复印的原始单据付款。企业会发生暂时找不到发票，让供应商复印一下发票，根据发票复印件把货款支付了；后来又找到了这张发票，再次提请付款导致重复付款的情况。

第二，完善付款审核流程。基本流程为"经办人—业务主管—会计—会计主管—审批人—出纳"，审批流程不能缺失环节，也不能颠倒顺序。

第三，财会人员要有足够的责任心。细心审核，检查原始单据的真伪、签名的真伪，发现可疑情况，及时查清原因。

第四，及时记账，每日提交现金日报。比如，有的企业会发生重复支付房租的情况，如果第一次支付租金后，及时记账，那么，在第二次支付的时候，就会发现已经支付过，从而就不会重复支付。

第五，完善收付款预测。如果企业能够做好资金计划，企业领导事先对付款计划做整体性的复核，后面会计在实际付款审核的时候，逐项核销付款计划，也可以一定程度上防止重复付款。

总之，"钱"的重要性无论如何强调都不为过。作为财会人员，不管你在其他方面多么优秀，如果在"钱"上出现问题，几乎所有功劳会全部归零，甚至还可能把自己搭进去。

第八剑：税

美元纸币上面的那个老头富兰克林，曾经说过：唯有死亡和纳税不可避免。

这听起来像个坏消息。好消息是，国家为了让纳税人在纳税的时候感觉不是那么痛苦，也是操碎了心。

英国经济学家哥尔柏说过一句很有名的话："税收这种技术，就是拔最多的鹅毛，听最少的鹅叫。"

怎么能把鹅毛拔下来，又不让鹅叫得厉害？

有这么几种方法：

第一，间接税。

纳税人和负税人是两个概念，纳税人是掏钱给国家交税的人，而负税人是税收的实际承担人。比如，隔壁老王租大头的房子，隔壁老王对大头说，我交房租给你，你要给我开发票。大头说，开发票可以，但是税钱要你自己出，不开票一个月租金 1500 元，开发票一个月租金 1600 元。

所以，尽管大头自己要去税局把出租房子所产生的税款交了，但是，他可以通过调整交易价格的方式，把自己交出去的税款从隔壁老王那里找回来。

大头是纳税人，而隔壁老王就是负税人。一般来说，资产的所有者是纳税人，而资产的实际使用人是负税人。

在间接税模式下，如果国家增加纳税比例，尽管纳税人交给国家的税款增加了，但是，他可以从交易价格中得到补偿，所以，他的利益没有损失。负税人自己不直接和税务机关接触，尽管交的租金多了，他也只会认为房东是个坏人，总是涨房租，而不会认为是自己交的税款增加了。所以，不论是纳税人，还是负税人，其纳税痛苦指数都不会明显增加。

第二，代扣代缴。现在的工资薪金所缴纳的个人所得税，就是采取代扣代缴模式。单位给员工发放工资的时候，是把扣掉个人所得税之后的金额发给员工的。员工不用自己去税务机关交税，他只关心自己拿到手的钱是多少。这种征管模式下，尽管员工既是纳税人，也是负税人，但是，税收还是具有一定的隐蔽性，纳税人的纳税痛苦会少一点。

既然税这么重要，作为财会人员，显然需要对税有相当程度的了解。我认为，作为一名合格的财会人员，至少应该了解：

第一，税法基本常识；

第二，税收政策管理；

第三，纳税成本管理；

第四，纳税风险管理；

第五，运营税务管理；

第六，税务争诉管理。

下面对税法常识做简单的介绍。

税法可以分为狭义的税法和广义的税法。狭义的税法，是指直接规定税收征收、管理方面的法律、法规。广义的税法，是其他部门法律中涉及税收管理的一些法律规定。

狭义的税法，进一步分为税收实体法和税收征管法，这里面还分为法律和法规、部门规章等不同级次的法律规范。基本分类如下图：

涉税法律体系

```
                          涉税法律体系
          ┌────────────────────────┴────────────────────────┐
        税法                                          涉税法律法规
     实体法                                                宪法
        法律                                                刑法
  企业所得税法  个人所得税法  车辆购置税法  烟叶税法          会计法
  耕地占用税法  船舶吨税法  环境保护税法  车船税法        发票管理办法
        法规
个人所得税法实施条例  增值税暂行条例  关税条例  车船税法实施条例
  消费税暂行条例  印花税暂行条例  城市维护建设税暂行条例  资源税暂行条例
  城镇土地使用税暂行条例  房产税暂行条例  契税暂行条例  土地增值税暂行条例
        程序法  税收征收管理法  税收征收管理法实施细则
```

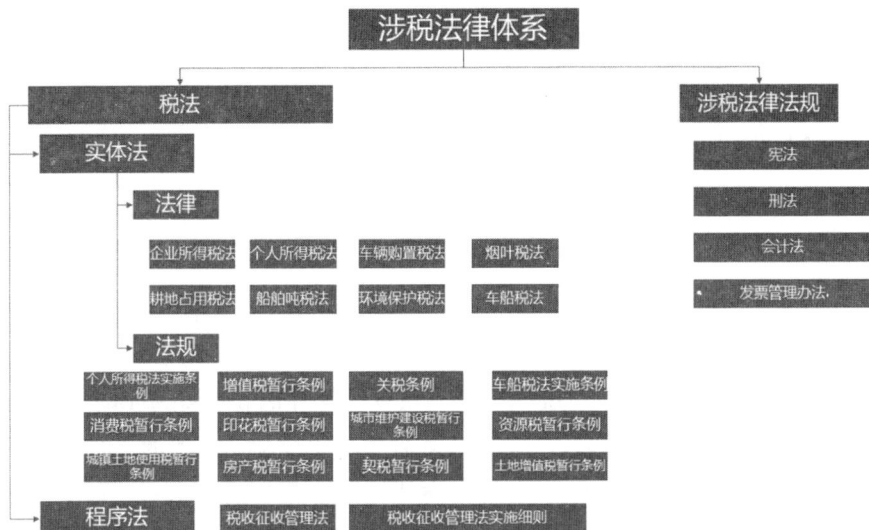

通常情况下，我们还根据各税种的特点，对具体的税种进行分类，如下图：

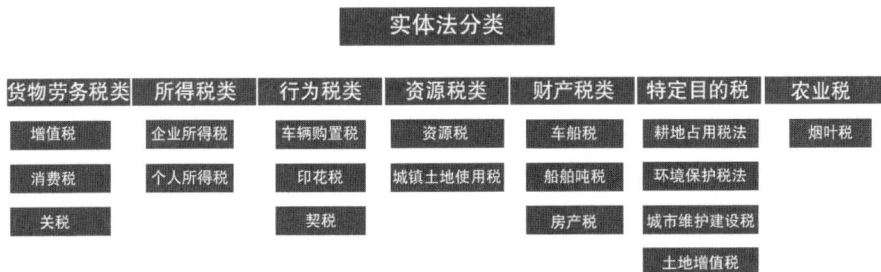

实体法分类

货物劳务税类	所得税类	行为税类	资源税类	财产税类	特定目的税	农业税
增值税	企业所得税	车辆购置税	资源税	车船税	耕地占用税法	烟叶税
消费税	个人所得税	印花税	城镇土地使用税	船舶吨税	环境保护税法	
关税		契税		房产税	城市维护建设税	
					土地增值税	

涉及税收的法律、法规非常多，而且因为立法部门不同、立法时期不同，所以，不同的法规之间还可能存在矛盾。所以，需要我们在适用法律规范的时候，掌握法律适用的基本原则，可以归纳为：

上位法优于下位法、程序法优于实体法、实体法从旧、程序法从新、法不溯及既往、新法优于旧法（从新兼从轻原则）、特别法优于普通法、国际法优于国内法。适用先后顺序如下：

（1）双边税收协定或税收安排（国家或地区之间）；

（2）税收法律（人大及其常委会）；

（3）税收行政法规（国务院，如企业所得税实施条例）；

（4）省级人大及其常委会制定的地方性法规；

（5）部门规章（国家税务总局令）；

（6）国家财税主管部门的规范性文件（财政部、国家税务总局）；

（7）省局以下的税收规范性文件。

这里面，还有几个概念需要了解一下。

实体法是规定人们之间权利和义务关系的法律，如民法、刑法等。

程序法是规定有关实现权利和履行义务所需程序或手续的法律，如刑事诉讼法、民事诉讼法、行政诉讼法等。

税收政策法规从法律功能作用上分为税收实体法和税收程序法。

税收实体法是规定税收法律关系主体的实体权利、义务的法律规范的总称。其主要内容包括纳税主体、征税客体、计税依据、税目、税率、减免税等。

税收程序法是税收实体法的对称，指以国家税收活动中所发生的程序关系为调整对象的税法，是规定国家征税权行使程序和纳税人纳税义务履行程序的法律规范的总称。其内容主要包括税收确定程序、税收征收程序、税收检查程序和税务争议的解决程序。

税收实体法是纳税人正确计算缴纳税款的法律依据。税收实体法由总则、纳税义务人、征税对象、税率、纳税环节、纳税期限、纳税地点、减税免税、罚则及附则10个基本要素构成。每个税种的法规制度均是按这些要素架构组成的。

（1）总则。总则主要是总括该税种的立法依据、立法目的及立法适用原则。

（2）纳税义务人。直接负有纳税义务的单位和个人。包括：

①自然人纳税人：包括本国公民和居住在所在国的外国公民。在税收上，自然人也可进一步分为自然个人和自然人企业。

②法人纳税人：是指按有关法律规定、在国家有关机关登记、经国家批准建立、享有法定权利、独立承担法律义务的社会组织，如各种企业、公司、团体等。

从属人主义原则来说，法人在税收上是否成为（居民）纳税人主要有如下几个标准：一是常设机构标准，即法人在某国境内是否设有固定的常设机构；二是注册标准，即法人在某国是否办理了注册登记；三是经营活动地标准，即法人在某国是否有经营活动场所。

法人包括从事生产经营取得利润的营利性企业以及非营利性的公益组织。

（3）征税对象。征税对象是税法规定的征税目的物，或称课税对象、课税客体。征税对象是区分对某种事物征税与不征税的基本界限。国家对什么征税、对什么不征税，都通过课税对象加以规定。征税对象决定了各个税种性质上的差别，也决定了各个税种名称上的不同。如以所得额为征税对象的税种被称为所得税，以财产为征税对象的税种被称为财产税等。

征税对象一般有以下几类：商品或劳务、所得额、财产、行为、资源等。

（4）税率。是对征税对象的征收比例或征收额度。税率是计算税额的尺度，体现着征税的深度，也是衡量税负轻重与否的重要标志，体现国家的产业政策。包括比例税率、定额税率、累进税率。

①比例税率：对同一征税对象，不分数额大小，均按相同比例征税的税率。具体有统一比例税率和差别比例税率，后者又分为产品差别、行业差别和地区差别比例税率及幅度比例税率。其中，幅度比例税率是指税法统一规定征税幅度，由各地区在此幅度内具体规定本地区征税比例的税率。

②定额税率：是对征税对象确定的计税单位直接规定一个固定的征税数额的税率，又称为单位税额或固定税额。

③累进税率：指对同类征税对象，随其数额的增加或比例的提高，征税比例也相应提高的税率。在具体运用时，依据累进标准的不同，可分为按绝对额累进的全额累进税率与超额累进税率，按相对率累进的全率累进税率和超率累进税率。

全额累进税率：即把征税对象按数额的大小划分为若干等级部分，每个等级分别规定一个税率，税率依次提高，征税时把征税对象全部数额按照与之相对应等级的税率计算税额，当征税对象提高到一个级距时，征税对象的全部数额也按提高一级的税率计算税额。

超额累进税率：即把征税对象按数额的大小划分为若干等级部分，每个等级分别规定一个税率，税率依次提高，但征税时每一纳税人的征税对象则依每部分所属等级同时适用几个不同的税率分别计算，将计算结果相加就是全部应纳税额。

超率累进税率：是指征税对象数额各按所属比率级次适用的征税比例计税的一种累进税率。即以征税对象数额的相对率（如销售利润率、增值额占扣除项目金额的比率等）划分若干级距，分别规定相应的差别税率，相对率每超过一个级距时，对超过的部分就按高一级的税率计算征税。

（5）纳税环节。指税法规定的征税对象在从生产到消费的流转过程中应当缴纳税款的环节。

（6）纳税期限。指纳税人发生纳税义务后按税法规定向国家缴纳税款的期限，分为按期纳税、按次纳税、按年计征分期预缴三种。

（7）纳税地点。指税法规定的纳税人（包括代扣代缴、代收代缴义务人）缴纳税款的具体地点。

（8）减税免税。减税是从应征税款中减征部分税款，免税是免征全部税款。目前减免税主要有三种形式：税基式减免［起征点、免征额、项目扣除、跨期结转（如亏损弥补）等］、税率式减免、税额式减免。

（9）罚则。对纳税人违反税法行为的惩罚措施就是罚则，体现税收的强制性。对违反税法行为的处罚分为加收滞纳金、处以罚款和依法追究刑事责任三种形式。

（10）附则。一般规定与该法紧密相关的内容，如法的解释权、法的生效时间等。

税收程序法是关于如何具体实施税法的规定，是税法体系的基本组成部分，是以国家税收活动中所发生的程序关系为调整对象的税法，是规定国家征税权行使的程序和纳税人纳税义务履行程序的法律规范的总称。

我国现行的税收程序法主要包括《税收管理法》及其《实施细则》、《发票管理办法》及其《实施细则》、《税务登记管理办法》《纳税服务投诉管理办法（试行）》《重大税收违法案件督办管理暂行办法》《税收违法行为检举管理办法》《检举纳税人税收违法行为奖励暂行办法》等。

简单总结一下。对于中小企业来说，税是个非常重要的问题，财会人员的主要任务，很可能就是和税打交道。因此，学好税，用好税，应该说是一个马上可以见效的捷径。

初级职称、中级职称考试，都没有成体系的税法知识结构。因此，如果想学好税，买最新的税务师考试教材《税法一》《税法二》，或者最新的注册会计师考试教材《税法》，是个省时省力的方法，就不需要自己到处收集税收方面的政策法规了。

另外，税的区域性很强，很多地方会出台地方性政策，即使是国家统一的税法，各地具体实施情况也可能不一样，所以，财会人员还需要关注本地的税务、财政机关网站，看看有没有地方性的政策法规。多和税务机关沟通，了解实际执行力度。

第九剑：控

控就是管控，管控就是管理和控制。管理的目的是提高收益，控制的目的是降低风险。管理的理论依据是财务管理和管理会计，法律依据包括《企业财务通则》《管理会计基本指引》等法律规范；控制的依据是企业风险管理、内部控制理论，法律依据包括《企业内部控制基本规范》《中央企业全面风险管理指引》等法律规范。

《企业财务通则》是财政部在 1992 年 11 月 30 日以"财政部第 4 号令"发布的部门规章，最新修订版本是在 2016 年。这个部门规章一共十二章四十六条。仅仅从文件内容多寡、变化频率来看，《企业财务通则》比《企业会计准则》要简单太多了。很多人不理解"财务"和"会计"的区别与联系，概念中"小会计"就是档次低、没水平，"大财务"就是高大上。我个人不这么理解，会计偏理论（这里仅指财务会计，不包括管理会计），财务偏实践。那些认为会计就是"小会计"、代表水平低的人，我敢说他百分百读不懂会计准则，甚至他都从来没有系统地去读过会计准则。

会计理解起来非常困难，原因是大部分会计准则条文都是从国外翻译过来的，一方面存在翻译水平问题，另一方面，外国人的思维、写作习惯和中国人不太一样。更为重要的原因，现实经济生活中，行业已经千千万万，各行各业的企业，大大小小的企业，都要套用一套基本会计准则，就需要把千变万化的具体的经济行为概括、归纳、抽象，形成概念性的东西，然后再用简单的"借""贷"去描述这么复杂的经济行为。所以，经过这么复杂的加工，会计准则里面的"人话"越来越少，专业术语越来越多，理解起来就非常困难。

但是，我认为会计是"知难行易"，会计操作起来相对简单一点。在某一个具体的企业，针对具体的业务，会计处理就简单多了，也许只要能读懂2%的会计准则，就可以处理常见的企业会计业务了。另外，会计基本上是"一个人"的事情，不涉及和其他人配合，所以，更容易处理一些。

相对于《企业会计准则》不停地修订，增加，打补丁，出指引、指南，《企业财务通则》就简单多了，正如上面所述，这个文件1992年出台，这么多年了，都没有什么太大的变化，也没有什么配套的文件。而大部分财务管理工具，比如杜邦分析，都用了上百年了。还有保本点分析、最佳现金持有量、破产风险指数、IRR、EVA等财务管理工具，都用了很多年，很少有新的财务管理工具出现。即使这方面的书、论文还是有新出来，但基本上也是在炒冷饭而已。

但是，对于财务来说，可以叫"知易行难"。懂了，不代表会做；会做，不代表能达到预定目标。这是因为财务管理，本质上是"管理"，财务工具只是辅助，还是要落实到人的具体行为上面。而一旦涉及人的行为，就会涉及其他学科方面的内容，比如心理学、组织行为学等，还会涉及企业内部的利益分配。

有人的地方就有江湖，有江湖的地方就有利益纷争，有利益纷争就让人忘记初心。

做会计，主要靠"读万卷书"，而做财务，则是要"行万里路"，还要

"阅人无数"。无论如何，一个合格的财会人员，都要尚知力行，从理论到实践，不断打磨自己，才能完成蜕变。

按照财政部在《财政部关于全面推进管理会计体系建设的指导意见》中的说法，管理会计是主要服务于单位（包括企业和行政事业单位，下同）内部管理需要，是通过利用相关信息，有机融合财务与业务活动，在单位规划、决策、控制和评价等方面发挥重要作用的管理活动。

管理会计、业财融合这些概念从 2014 年开始，就逐渐变得火爆起来，财会人员见面，如果不从嘴里面蹦出几个诸如"战略地图""价值链""生命周期""平衡积分卡"这类的专业名词，好像都没法和人打招呼了。其实，管理会计的这些东西，都没有什么新鲜的，在国外早就应用了，只不过官方对这些内容刚刚注意到，或者说官方刚刚转过弯来，认识到这些微观领域的经济管理理论和宏观领域的经济管理理论不同，这是好东西，也是可以发挥拿来主义的。

按照财政部的规划，建立与我国社会主义市场经济体制相适应的管理会计体系，争取 3—5 年，在全国培养出一批管理会计人才；力争通过 5—10 年的努力，中国特色的管理会计理论体系基本形成，管理会计指引体系基本建成，管理会计人才队伍显著加强，管理会计信息化水平显著提高，管理会计咨询服务市场显著繁荣，使我国管理会计接近或达到世界先进水平。

法兰克·唐纳德森·布朗，一个美国人，从杜邦公司的销售员做起，在杜邦工作三年后，被公司财务负责人看中，调入财务部门。上司要求布朗运用当时并不那么流行的会计学、统计学的知识和数据来评估公司的商业利益，布朗是真的遇到了巨大的挑战。但不管怎么说，布朗跨过了这道高高的门槛，以后一路顺风顺水，直至成为公司的财务负责人，还迎娶杜邦创始人哥哥的孙女。对，和电影《西虹市首富》里面一样，他有了一个钱多到挥霍不出去的"二爷"。

布朗最重要的成就，就是我们现在还奉为金科玉律的杜邦分析法。

努力吧，少年！

能不能开豪车、住别墅、迎娶白富美，从此走上人生巅峰，就看能不能抓住管理会计这一波风口了。

企业内部控制和全面风险管理理念与实践的全面兴起，可以追溯到2001 年美国的安然公司破产事件，在此之后，美国出台了萨班斯法案，在萨班斯法案要求下，内部审计成为美国上市公司的必备条件。而与此对应的是，当时世界"五大"会计师事务所之一———安达信事务所轰然崩塌。

从 1720 年，因英国南海公司破产，资本主义世界建立起注册会计师独立审计制度开始，到 2001 年，因美国安然公司破产，确立内部审计制度，中间经历了 281 年。无可否认，独立审计制度在企业治理中发挥了重要作用。那么，内部审计制度，到底是对独立审计的补充还是替代？是人性的泯灭，还是良知的发现？无从得知。至少，给财会人员创造了一个新的就业机会，就是到企业去做内部审计。

《深圳证券交易所上市公司内部控制指引》第二章"基本要求"之第十三条规定：

"公司应明确各部门、岗位的目标、职责和权限，建立相关部门之间、岗位之间的制衡和监督机制，并设立专门负责监督检查的内部审计部门。"

《上海证券交易所上市公司内部控制指引》第一章"总则"规定：

"在本所上市的公司应当按照法律、行政法规、部门规章以及本所股票上市规则的规定建立健全内部控制制度，保证内控制度的完整性、合理性以及实施的有效性，以提高公司经营的效果与效率，增强公司信息披露的可靠性，确保公司行为合法合规。"

"公司董事会对公司内控制度的建立健全、有效实施及其检查监督负责，董事会及其全体成员应保证内部控制相关信息披露内容的真实、准确、完整。"

从这些制度文件的规定来看，至少在上市公司，公司内部控制的主要责任主体是董事会，以及董事会内部的审计委员会或董事会领导的内部审计部门。就像上面所说的，财会人员除了在财务部门工作，也可以在内部审计部门工作。从实际情况来看，大部分公司的内部审计部门人员来源，一是从会计师事务所这样的独立审计机构里面招聘，二是从原来的财务部门里面分出一部分人员。

如果仅仅从财务部门的角度来看，财务部门、财会人员要在企业内部控制、全面风险管理中发挥什么作用呢？

我个人认为，财务部门、财务人员，既是企业内部控制的对象，也是企业内部控制的执行者，还是企业内部控制的神经网络。

首先，还是要摆正自己的位置，企业内控的责任主体是董事会、内审部，因此，财务部门不宜喧宾夺主。另外，财务部门、财会人员是内控体系的重点监控对象，就算天天被人盯着，天天被人查，也是正常的，不要有什么怨言，更不能据此认为这是老板不相信自己。"君子坦荡荡，小人长戚戚"，经得住检查的财务，才是好财务。

其次，财务部门要切实执行好分配到自己部门的内控任务。比如，全面预算是企业的重要内控措施，往往安排财务部负责牵头落实。财务部应该积极发挥自己的作用，配合董事会的要求，把预算工作做好。

最后，企业内控活动，需要很多数据，而这些数据，很多都来自财务部门。因此，提供真实、准确、完整、及时的财务信息，也是财务部门在企业内控管理中的重要任务。

第十剑：器

东邪！

这是我自己给自己起的花名。

不是因为一出场就是个中年大叔；

不是因为亦正亦邪，嬉笑怒骂，不拘俗世陈规；

不是因为上学天文，下究地理，脑回路清奇，醉心于奇门遁甲，身形飘忽，有如鬼魅。

而是，我希望：

我的手里是一只玉箫。

柳影婆娑，弯月如钩，一袭青衫，立于屋顶檐角，说不出的潇洒，也说不出的孤寂！

缓缓把玉箫置于唇边，"桃花影落飞神剑，碧海潮生按玉箫"，迷倒万千少女！

（咳咳咳，不好意思，眼看老板交代的任务就要完成了，有点飘）

金毛狮王的武器是屠龙刀，

独臂大侠杨过的武器是玄铁剑，

丐帮帮主黄蓉的武器是打狗棒，

黑木崖东方教主的武器是绣花针……

少年，你的武器是什么？

"账钱税控器"，这里的"器"，指的是财会人员必须学会使用的各种工具。从硬件到软件，林林总总，听我给你一一道来。

有过事务所工作经历的人都知道，刚入职的"小朋友"还有一个很霸气的名称："影帝"或"影后"。"影"是"影印机"的意思，也就是复印机，因为初级审计员的很多工作时间就是在不停地复印文件资料。财会人员也是一样，难免要复印很多文件资料，所以，上班第一件事，学会复印机的使用。无论是把大 A3 版面缩影成 A4 的，还是把横的转印成竖的，单面复印还是双面复印，彩色复印还是黑白复印，都要会。把"1234"复印3 份，你是复印成"111、222、333、444"还是"1234、1234、1234"？

第二件"武器"，你肯定猜的是打印机。没错，你会不会安装打印机，网络打印机还是单机打印机？激光打印机、喷墨打印机怎么换墨盒？针式打印机如何调整打印位置？简单的事，不要麻烦其他同事来帮你，也不要等公司 IT 人员来给你安装，自己搞定的感觉真爽。

第三件"武器"，保险柜。如果你是出纳，一定免不了要用保险柜。如何设置密码？开、关保险柜要注意什么？

第四件"武器"，凭证装订机。这在前面的内容已经有所涉及，不再赘述。

财会人员经常用到的"硬件"还有税控盘、网银 U 盾、碎纸机、硬盘等。

如果你是一个职场新人，不妨花一点时间，学会使用这些办公设备，准没错。

财会人员手里的"武器",除了硬件,还有软件。

财务软件、ERP 就不用说了,这也太复杂了,在这里我也说不清楚。介绍一些有用的常用软件工具。

第一个软件工具,思维导图。思维导图是一种简单却有效的思维工具,当然,思维导图是一种组织思维的模式,只要你学会这种思维方式,在白纸上用手工画都可以,并非一定要用电脑软件来做。

我们在培训、学习、准备考试的时候,可以用思维导图做笔记,给知识点划分层次结构,寻找各个知识点之间的关系,建立完整的知识体系。我们在写文章的时候,可以用思维导图组织自己的思想,按照一定的模式构建文章的逻辑结构。

第二个软件工具,流程图 Visio。这个软件的功能很多,画流程图只是其中一个小小的应用。当然,这里还要啰唆一句,画流程图,更为重要的是如何把流程梳理清楚,建议开始讨论流程的时候,用即时贴写上字,贴在白板上,方便增减流程活动、调整活动顺序。等大家都认可流程活动、次序、主题等流程要素了,再用手机把即时贴形成的流程图拍下来,然后再用 Visio 画出来。

第三个软件工具,文字处理 Word。这个软件的作用不多说,重要的是怎么看这个软件。可能很多人仅仅把 Word 看成是一个文字录入软件,那就太狭隘了。如果你想提升自己的工作效率,给领导呈现一个简洁美观的报告,一定要花时间好好学习怎么进行编辑排版,怎么使用邮件合并,怎么使用审阅,怎么转变为 PDF 格式等。

第四个软件工具,演示 PPT。PPT 可能是咨询人员的命根子了,至少有三分之一的时间是在和 PPT 打交道。对于财会人员而言,也是免不了要做很多演示的。比如,给其他部门人员培训税法,给管理层讲解报表指标,给投资人演示商业计划书等。做 PPT 的核心还是内容的组织逻辑,而不是酷炫的动画效果。因此,我个人感觉财会人员也不需要花费太多的时间去学习 PPT 的复杂功能,能够花一两周时间,找一些网络课程,学会 PPT 的常用功能就可以了,关键是要提高自己做 PPT 的工作效率。

第五个软件工具,电子表格 Excel。最具人气的大咖登场。Excel 功能博大精深，谁说他能精通 Excel，不管你信不信，反正我是不信的。我个人感觉，Excel 常学常新，永无止境。最好的方式是关注一些这方面的微信公众号或者 App，每天都花 30 分钟左右的时间去学习 Excel。而如果是职场"菜鸟"的话，我建议至少要集中花两个月的时间去系统地学习 Excel，必须学会的功能包括数据录入、快捷操作、编辑排版、20 个左右函数的使用、条件格式、审阅功能等。

第六个软件工具，商业智能 Power BI。这是一款容易上手而且功能强大的工具，基本上给老板一展示，就能俘获老板的一颗"芳心"。如果有 Excel 知识作为基础，学习过 Power Query、Power Pivot 的话，有一周时间，就能学会这个软件的常用功能。

财会人员如果想脱颖而出，给老板做出一份动态更新、形象化、可以互动的报表的话，学习 Power BI，一定是你最具性价比的投资。

第七个软件工具，数据库 Access。这也是很多人考计算机等级考试的时候学习过的软件。其实，这个软件的基本功能操作并不复杂，而且可以解决我们工作中的很多问题。是值得大家花一两周时间去学习、使用的。

第八个软件工具，编程语言 VBA。这是压轴大戏，虽然很多大学一二年级都开设编程语言课程，计算机等级考试中，编程语言也是必考科目。但是我相信，99% 的财会人员在工作中不会使用编程语言。VBA 并不是一款独立的软件工具，而是 Office 套装里面的一个开发工具，使用者可以根据用户需求，利用 VBA 开发出 Word、Excel 的独特功能。要求财会人员去开发 VBA 程序，可能是有点强人所难。但是，这并无妨碍财会人员应该去学习 VBA，财会人员至少应该知道 VBA 能做什么，当自己遇到问题的时候，能够判断这样的问题能否用 VBA 来解决，能够给开发人员描述清楚自己的需求。

"吾生也有涯，而知也无涯"，要想都精通上面的这些工具，基本上是不可能的，因此，财会人员可以根据自己的学习能力，有选择性地学习、掌握这些工具。

二

投资项目核心财务指标设计

1. 摘要

目前，在私募投资行业，对投资项目负责人（投资总监）普遍采用项目业绩提成的激励方式。但是，项目存续期往往很长，而业绩提成只有在项目结束后才能兑现，不能对项目业绩实施实时监控；同时，不同项目的业绩、不同投资总监的业绩无法进行比较，没有日常的业绩考核指标指导投资总监的项目管理行为，导致项目管理缺乏能动性。

本文在分析资本市场常用的业绩考核指标 ROE（净资产收益率）及 EVA（经济增加值）、ROI（投资回报率）的基础上，提出根据投资者对被投资企业的影响力设计财务考核指标，设计以 RIS/EVS（投资回报序列/权益增值序列）、BAGRA（盈利成长矩阵）作为投资总监的项目业绩财务考核指标组合，并以此为基础建立一整套的管理思想及管理制度体系，促进私募投资企业的业绩增长。

2. 背景

目前，私募股权投资行业分配顺序一般为：（1）优先返还出资人全部出资；（2）出资人优先收益；（3）普通合伙人激励；（4）按比例分配。

在上述第三步分配过程中，往往存在"追赶条款"。一般情况下，出资人与普通合伙人在20%到100%之间确定追赶比例。如果确定100%的追赶比例，投资人按照8%年化复利优先分配后，将暂停分配，剩余部分将全部用于向普通合伙人分配，一直到普通合伙人所分部分与全部投资人累计所分部分的比例为1∶4；如果追赶比例小于100%的，投资人按照8%年化复利优先分配后的剩余部分将按照比例在普通合伙人和全部投资人之间同时进行分配，一直到普通合伙人所分部分与全部投资人累计所分部分的比例为1∶4。可见，如果普通合伙人未能给基金创造足够的收益，且不按照100%的追赶比例分配的话，普通合伙人将获得少于投资收益20%的分配，为实现更多的分配，普通合伙人须提高投资和运作基金的管理能力，这就起到了激励作用。

但是，如何提高普通合伙人（基金管理公司）的投资和运作基金的管理能力？一般来说取决于两个主要因素：一是公司的业务流程设计，二是公司的绩效激励制度。业务流程犹如人的血脉，从主动脉到毛细血管，贯穿基金管理公司的每一个业务细节；而绩效激励制度则如人的心脏，给整个公司运转提供动力。如果一个人血脉通畅，心脏蓬勃有力，则这个人基本气血旺盛，身体健康。因此绩效激励制度作为基金管理公司的"源动力"，在提高基金管理公司的能力方面起到至关重要的作用。

相比较于一般公司的"产供销"价值链，基金管理公司也有"产供销"价值链，但有其自身的特点。私募股权投资业务流程一般可以分为两个层次，每个层次又分为三个阶段，第一层次是"基金管理"层次，分为"基金发售""基金增值""基金购回"三个阶段；在"基金增值"这个阶段，包含"股权管理"这个层次，分为"股权购买""股权增值""股权变现"。其中"股权增值"是私募股权投资基金最终价值实现的过程。用泳道流程图表示如下：

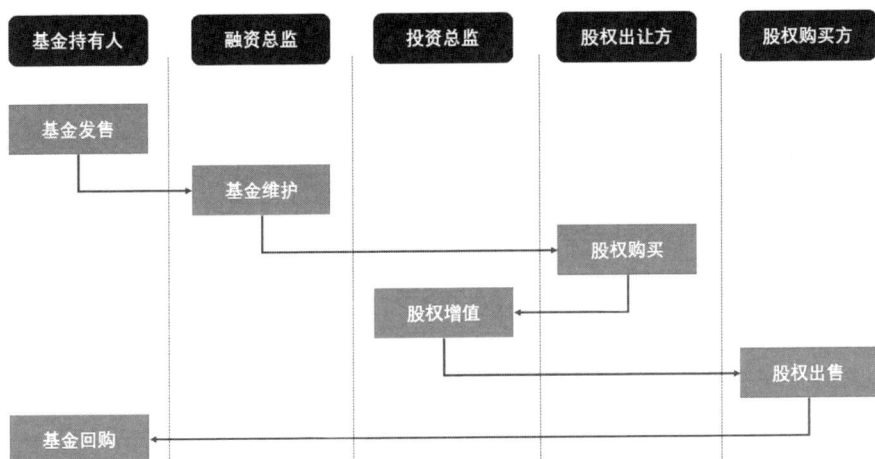

股权增值泳通流程图

从目前实务情况看，不同的私募股权投资基金中的投资项目负责人（投资总监）角色定位并不相同。有的基金管理公司将投资总监定位为"采购员"，仅仅负责寻找、筛选合适的被投对象，主导投资过程，而不负责投后管理及项目退出。有的基金管理公司投资总监既负责"采购"，还负责"生产"，同时也负责项目退出。不同的角色定位及功能职责，也导致投资总监所面临的风险、应获取的收益并不相同。本文所设计的指标主要针对后一种投资总监，即具有项目选择、谈判、投后管理以及项目退出权限的项目负责人。

另外，不同的项目往往存在不同的投资比例，导致基金管理公司对项目公司的影响力并不相同。投资人选择购买私募股权投资基金管理公司发行的"基金"产品，而不选择其他理财方式，比如债权投资，是其期望基金管理公司能够创造比债权投资更高的投资收益。但是，为什么私募股权投资能够比债权方式（比如银行贷款利率）创造更高的收益呢？那是因为私募股权投资基金管理公司要更加深入地参与到项目公司的经营活动中去，高素质的专业管理团队可以为项目公司提供管理、技术、资本运作等增值服务，给项目公司创造更高的价值，进而给投资人创造更高的投资收益。因此，本文设计指标假设投资总监对被投资的项目公司有充分的影响力〔这种影响力更多是专业能力方面的，而不仅仅是法律的规定（如根据投资协议获取董事席位）〕。

基金管理公司对投资总监的绩效考核，最常用的核心方式是项目提成，即从基金管理公司获取的"20%"的收益中划分出一部分作为对投资总监的奖励。此方案存在的弊端主要包括：

（1）时间过长。项目从初始接触到最终退出，直至投资人与基金管理公司之间分配完毕，往往需要五年以上的时间，甚至八年以上时间都有可能。时间太长导致人对未来预期的不确定性加大，从而大大降低了激励的有效性。

（2）缺少日常管理手段。投资总监的工作目标时间太长，基金管理公司无法对其日常工作进行考核，对其行为的有效性无法评价。

（3）不同的项目、不同的投资总监业绩无法比较，导致基金管理公司无法及时调整投资组合，优化资产配置。

针对上述问题，本文认为基金管理公司对投资总监的业绩考核，除了项目最终收益这个"终极"利器外，有必要引入日常（季度、年度）考核指标，同时，围绕核心考核指标，建立一整套的管理体系，提升基金管理公司的管理水平。

3. 原则

回顾上文，本文设计指标针对具有如下权限/能力的投资总监：（1）参与投资全程，包括项目选择、价格谈判、投后管理、退出方案制订等；（2）投资总监有权限/能力参与被投资项目公司经营管理，能够为项目公司提供增值服务。

基于上述假设，指标设计遵循如下原则：

（1）目标一致原则。指标设计力求投资总监的动机/目标与基金管理公司的经营目标一致。（比如考核期过长，投资总监可能会出现道德风险，伙同被投资项目公司抬高投资价格，从被投项目公司拿取回扣，个人目标

与投资基金管理公司目标出现背离）

（2）安全性原则。在支付投资总监日常考核激励奖金的时候，要考虑到基金管理公司的经营风险，力求避免出现项目亏损。（也是基金管理公司经营目标与出资人目标一致的体现）

（3）及时性原则。对投资总监的业绩考核，务求能够做到年度考核，力争达到季度考核。及时的指标反馈、业绩排名、奖金发放，能够加强激励效果，及时调整项目管理策略，调整投资组合，提高基金管理公司的经营活力。

（4）简明原则。考虑到项目公司的财务核算水平往往还处于初级阶段，难以及时提供过多复杂的财务数据，同时基金管理公司的高层管理人员以及投资总监不一定都具有财务专业背景，对于复杂的财务指标也难以理解，因此指标应力求简明，满足管理需要即可。

（5）综合性原则。投资总监的工作是多方面的、复杂的，因此考核不能偏颇。核心财务指标应该与其他相关指标一起，形成考核体系。

4. 现有可选指标及其优缺点

纵观林林总总的各色财务指标，其中有三个指标可以作为借鉴，分别是 ROE（净资产收益率）、EVA（经济增加值）和 ROI（投资回报率）。

（1）净资产收益率

净资产收益率在不同的运用场合，具体的计算方式也略有差异。中国上市公司目前需要披露的核心财务指标就是净资产收益率和每股收益，在此简单介绍中国证监会对上市公司披露净资产收益率的要求。

《公开发行证券公司信息披露编报规则》第 9 号——净资产收益率和每股收益的计算及披露（2010 年修订）要求，公开发行证券公司招股说明书、年度财务报告、中期财务报告等公开披露信息中的净资产收益率和每股收益应按该规则进行计算或披露。实际需要披露两个加权平均净资产收益率，一个是使用"归属于公司普通股股东的净利润"计算的指标，另一个是使用"扣除非经常性损益后归属于公司普通股股东的净利润"计算的指标。编制和披露合并财务报表的，"扣除非经常性损益后归属于公司普通股股东的净利润"以扣除少数股东损益后的合并净利润为基础，扣除母公司非经常性损益（应考虑所得税影响）、各子公司非经常性损益（应考虑所得税影响）中母公司普通股股东所占份额；"归属于公司普通股股东的期末净资产"不包括少数股东权益金额。计算公式如下：

加权平均净资产收益率＝P0／（E0＋NP÷2＋Ei×Mi÷M0－Ej×Mj÷M0±Ek×Mk÷M0）

其中：P0 分别对应于归属于公司普通股股东的净利润、扣除非经常性损益后归属于公司普通股股东的净利润；NP 为归属于公司普通股股东的净利润；E0 为归属于公司普通股股东的期初净资产；Ei 为报告期发行新股或债转股等新增的、归属于公司普通股股东的净资产；Ej 为报告期回购或现金分红等减少的、归属于公司普通股股东的净资产；M0 为报告期月份数；Mi 为新增净资产次月起至报告期期末的累计月数；Mj 为减少净资产次月起至报告期期末的累计月数；Ek 为因其他交易或事项引起的、归属于公司普通股股东的净资产增减变动；Mk 为发生其他净资产增减变动次月起至报告期期末的累计月数。

报告期发生同一控制下企业合并的，计算加权平均净资产收益率时，被合并方的净资产从报告期期初起进行加权；计算扣除非经常性损益后的加权平均净资产收益率时，被合并方的净资产从合并日的次月起进行加权。计算比较期间的加权平均净资产收益率时，被合并方的净利润、净资产均从比较期间期初起进行加权；计算比较期间扣除非经常性损益后的加权平均净资产收益率时，被合并方的净资产不予加权计算（权重为零）。

净资产收益率指标是杜邦财务分析体系的核心指标，在财务分析中占据绝对重要的地位，但是，这个财务指标本身也有所不足，主要体现在以下几点：

（a）未考虑综合收益

《企业会计准则》规定："可供出售金融资产公允价值变动形成的利得

或损失，除减值损失和外币货币性金融资产形成的汇兑差额外，应当直接计入所有者权益，在该金融资产终止确认时转出，计入当期损益。"

巴菲特的伯克希尔–哈撒韦公司即有此情形。2009 年，伯克希尔归属于母公司所有者的净利润只有 80.55 亿美元，而净资产却增加了 218.35 亿美元。巴菲特衡量业绩的标准是每股账面价值（净资产）的增长幅度，而不是净利润或净资产收益率。这就是说，对其他综合收益巨大的公司来说，净资产收益率指标意义不大。这个道理其实并不复杂，个人投资者在计算每年的投资收益率时，收益也是包括浮盈和浮亏的，而不是像会计准则规定的那样只计算已经卖掉股票的利润或亏损。

（b）不利于企业之间横向比较

净资产收益率不能反映一家公司在产生净资产收益率时所伴随的风险。例如，某探险公司在非洲野外油田开采业务中赚得 6% 的投资收益率，与 5 倍的资产权益比率相结合，产生 30% 的净资产收益率。其间，另一公司投资于政府证券赚得 10% 的投资收益率，在其财务来源中，负债与权益所占的比例相同，从而产生 20% 的净资产收益率。哪一家公司业绩好呢？从收益与风险的关系来看，答案应是后者。由于企业负债率的差别，如某些企业负债畸高，导致某些微利企业净资产收益率偏高，而有些企业尽管效益不错，但由于财务结构合理，负债较低，净资产收益率却较低。因此不同行业资产负债率有较大差异，在不同行业的企业之间比较净资产收益率意义不大。

（c）时效性缺陷

净资产收益率只是着重反映单一时期的状况。举例而言，当一个公司为推行一种新产品而导致费用大量增加时，净资产收益率开始下降，但它下降仅仅是一个时期的状态，并非显示财务业绩状况恶化。因为净资产收益率只包含一年的盈利，它无法反映多重阶段决策所产生的全部影响。

（d）价值缺陷

净资产收益率衡量股东投资的收益，投资数额使用的是股东权益的账面价值，而非市场价值，这个区分很重要。例如，甲公司 1998 年度的净资产收益率是 18.2%，这是其以账面价值 1.56 亿元购买公司的权益而赚取的。但这可能是不现实的，因为甲公司权益的市场价值是 4.56 亿元，照这个价格，它每年的收益将是 6.22%。权益的市值对股东来说更为重要，因为它衡量现有的、可实现的股票价值，而账面价值仅仅是历史数据而已。所以，即使净资产收益率能衡量管理者的财务业绩，但它与带给股东投资的高收益不可同日而语，即投资者依赖于净资产收益率寻找高价值的公司是不够的。

净资产收益率不足之处可以归纳为：未考虑投资者投入成本；未考虑不影响净利润但影响净资产的综合收益因素；不能直接显示年度变化趋势；对风险的警示不足。

（2）经济增加值

对于 EVA，德鲁克曾经说过如下一段话："……你一定要赚到超过资本成本的钱才算有利润。Alfred Marshall 早在 1896 年就说过这句话，我在 1954 年和 1973 年也这么说过，感谢上帝现在 EVA（经济增加值）使得这个理念得以系统化。"

经济增加值（EVA）是美国思腾思特咨询公司开发的一个财务指标。EVA 不仅是一种有效的公司业绩度量指标，还是一个全面财务管理的架构，思腾思特公司已将 EVA 系统发展成一套先进的企业管理的工具，在全球推广。思腾思特公司认为，以经济增加值为核心的企业价值管理体系包含四个方面：①评价指标和业绩考核。②管理体系。③激励制度。④理念意识和价值观。其理论渊源出自诺贝尔奖经济学奖获得者默顿·米勒（Merton Miller，1990 年获奖）和弗兰科·莫迪利安尼（Franco Modigliani，1985 年获奖）1958 年至 1961 年关于公司价值的经济模型的一系列论文。《财富》（Fortune）杂志称 EVA 为"当今最为炙手可热的财务理念"。

与大多数其他度量指标不同之处在于：EVA 考虑了带来企业利润的所有资金成本。EVA 可以被定义为：公司经过调整的营业净利润减去其现有资产经济价值的机会成本后的余额。以公式表示如下：

$$EVA_t = P_t - K \times A_{t-1}$$

其中：K 为企业的加权平均资本成本，A_{t-1} 是公司期初的经济价值。

Pt 是经调整后的净利润。

企业的加权平均资本成本可通过以下公式得出：

$Kw = Dm \div (Dm+Em) \times (1-T) \times Kd + Em \div (Dm+Em) \times Ke$

其中：Dm 为公司负债总额的市场价值；Em 为公司所有者权益的市场价值；Kd 为负债的税前成本；T 为公司的边际税率；Ke 为所有者权益的成本。

在计算 EVA 的过程中有较多的调整项目，各公司的具体情况不同，其调整项目亦不一样，思腾思特公司对 GAAP 给出的调整项目有 160 多项。

EVA 的具体运用比较复杂，出于本文目的的考虑，在此不予赘述。

EVA 作为一个财务指标，或者一种财务管理理念，主要优势体现如下：

（a）考虑了资本成本。即只有扣除资本成本之后的剩余收益才是企业的经济增加值。公认的会计利润忽视了权益资本的成本。EVA 打破会计利润幻觉，显现企业真实的创造财富的能力。

（b）明晰公司对资本提供者的责任，特别是将对权益资本提供者——股东和债权人的责任平等地对待。瑞士信贷第一波士顿评价 EVA "在所有财务评估标准中，它最能体现股东权益的增值"。

（c）EVA 的应用具有广泛的拓展空间。EVA 在公司的业绩评价、激励制度、管理体系和理念体系建设方面都有广泛的应用空间。

国资委目前已经将"经济增加值"作为对央企负责人考核的核心指标。具体运用方面与原始的 EVA 也有些细微差异。计算公式：

经济增加值=税后净营业利润－资本成本=税后净营业利润－调整后资本×平均资本成本率

税后净营业利润=净利润+（利息支出+研究开发费用调整项－非经常性收益调整项×50%）×（1－25%）

调整后资本=平均所有者权益+平均负债合计－平均无息流动负债－平均在建工程

资本成本率的确定：

1）中央企业资本成本率原则上定为 5.5%。

2）承担国家政策性任务较重且资产通用性较差的企业，资本成本率定为 4.1%。

3）资产负债率在 75% 以上的工业企业和 80% 以上的非工业企业，资本成本率上浮 0.5 个百分点。

4）资本成本率确定后，三年保持不变。

可见，国资委对 EVA 进行了一定程度的简化，并采用"拍脑袋"的方式决定了资本成本率。

当然，对于 EVA 也存在一定的争论及不足，主要体现在如下几点：

1）一种观点认为，基于历史价值和市场价值计算得来的 EVA 多少会产生一些误导。公司的价值在形式上可以分为账面价值、市场价值和内在价值，由于现有制度与体系的不完善性，账面价值可以作假，市场价值可以操纵。

2）人们对 EVA 方法的另一个普遍忧虑是，用 EVA 作为绩效评估手段，会使管理者减少投资。这种投资不足不仅会出现在有形资产的投资上，也会出现在那些诸如研发和品牌开发的无形资产上，还可能出现在并购活动上。这种忧虑源于由 EVA 产生的资本成本以及如下想法：管理者从现有资产中榨取利润——限制任何不能立即带来回报的投资。

3）还有一种观点认为，在计算经济增加值所需的股权资本成本时，需要参考资本市场上的数据来确定上市公司在资本市场的风险酬金，而我国资本市场的不完善使股权资本成本的确定相对困难，EVA 缺乏应用背景（因此国资委只能"拍脑袋"来决定资本成本）。

从思腾思特咨询公司对 EVA 的推广来看，EVA 更多地运用于国有企业领域。思腾思特公司在全球为近千家大中型企业提供过"价值管理体系"（Value Based Management System）实施的工作，其中包括可口可乐、西门子、索尼、新加坡政府投资公司、澳大利亚国立银行、麦德龙、福特汽车等。思腾思特公司的"政府服务"业务专为各国政府机构进行国有企业改革和私有化方面提供专家支持。在新加坡，思腾思特公司曾为政府国资控股机构大马基（TEMASEK）建立了全球典范的针对国资的价值管理系统。（资料来源于思腾思特网站）

（3）投资回报率

投资回报率（ROI，return on investment），是指正常年度利润或年均利润占投资总额的百分比。计算公式如下：

投资回报率（ROI）＝年利润或年均利润/投资总额×100%

投资回报率的优点是计算简单。投资回报率往往具有时效性——回报通常是基于某些特定年份。

投资回报率是投资公司可以使用的一个较好的衡量投资项目公司业绩的指标，但是，也存在一定的不足：

1）无法直观显示年度之间的变化；

2）所投资的资金成本没有体现；

3）单纯考虑利润水平，没有考虑被投资公司综合收益。

综上所述，净资产收益率、经济增加值、投资回报率三个指标各有优缺点，分别有自己适用的领域。

净资产收益率比较适合对被投资公司毫无影响力的投资者使用，比如广大的散户股民，可以用净资产收益率与存款利率、国债收益率来比较，选择自己的投资产品。

经济增加值适合对被投资企业有绝对控股权的投资者用来考核被投资企业经营层的业绩，特别是这样的投资者承担初始投资责任。比如国有企业所有者考核国有企业经营者的业绩，大公司考核全资子公司经营层的业绩。

投资回报率适合企业内部对其利润中心的考核。这样的利润中心往往业务单一，不承担筹资责任。

私募股权投资基金对所投资的企业，一般不会拥有控股地位，只是通过委派董事的方式产生重大影响，而且被投资企业是一个完全独立的经营实体，承担筹资责任，业务复杂。因此有必要开发一套全新的、适合私募股权投资公司业务模式的财务考核指标体系来对投资总监的业绩进行考核。

5. RIS/EVS 及 BAGRA

回顾上文，投资总监的权限包括投资项目价格谈判、退出方案制定（包括时间、价格等核心因素）、增值服务提供等。因此，考核指标的设计要求应该包括如下要素：

（1）反映投资价格，即投资成本。

（2）反映投资总监对被投资项目公司提供增值服务的效果，以及被投资项目公司经营团队的经营效果。

（3）反映投资的资金成本。

（4）反映投资全程，包括最终项目退出。

（5）便于不同项目比较。

RIS 为投资回报序列，包含如下要素：（1）时间；（2）资金成本；（3）投资回报率。图示如下：

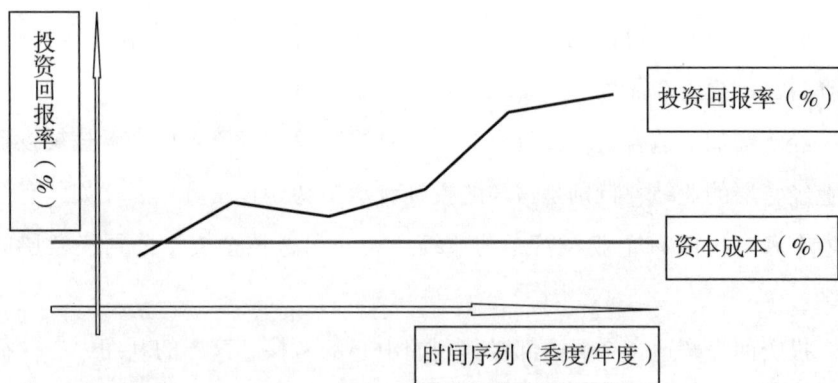

投资回报率=被投资项目公司当期净利润×私募股权投资基金持股比例/私募股权基金投资额×100%。多家被投资项目公司数据可以在同一张图表列示。

EVS 为权益增值序列，包含如下要素：（1）时间；（2）权益增值倍数。图示如下：

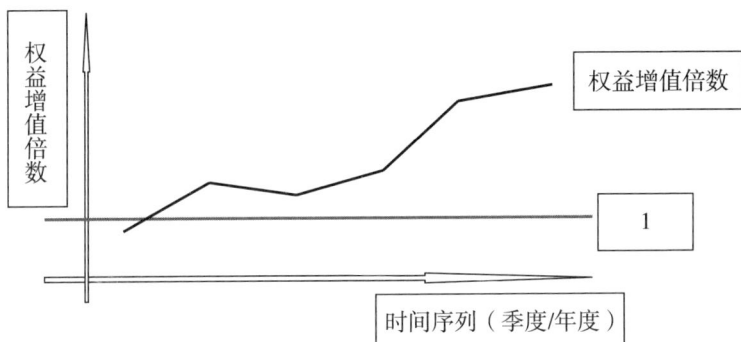

权益增值倍数＝被投资项目公司期末净资产×私募股权投资基金持股比例/私募股权投资基金投资额。多家被投资项目公司数据可以在同一张图表列示。

BAGRA 是多家被投资公司的投资额、净资产收益率、净利润增长率的对比图，图示如下：

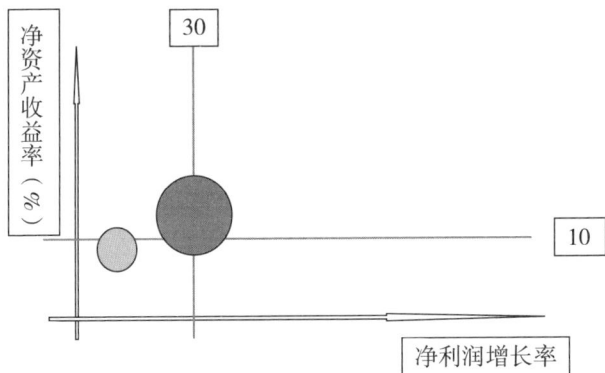

上述图示中，每个圆形表示一个项目，图形面积大小表示投资额大小，圆心位置坐标为（净利润增长率，净资产收益率）。10%的净资产收益率、30%的净利润增长率是两个参考指标。

6. 应用方案

上述三个指标体系组合，综合了目前流行的财务考核指标的优点，力求避免单一指标的不足之处，优势主要体现如下：

（1）将投资成本纳入指标体系，体现了投资总监在控制投资成本方面的责任。

（2）用时间序列（季度/年度）的方式来列示指标，构成持续考核的动态过程，避免投资总监及被投资公司经营层的短期行为。

（3）除了考核被投资公司的净利润外，还直接考核被投资企业净资产变动状况。在被投资企业有较大综合收益或者引入溢价股权投资的情况下，净资产变动更有意义。

（4）将被投资公司的净利润增长作为对投资总监的考核内容，体现了投资总监作为被投资公司的董事所承担的受托经营责任，也能够激发投资总监更加积极主动地发挥增值作用。

（5）将不同项目投资金额用图形面积显示，直观地表达私募股权投资基金的业务重心。

（6）多项目组合在同一考核体系中，利用相对值指标进行比较，便于项目业绩排名，及时考核投资总监的努力程度。也便于私募股权投资基金管理公司及时地调整资产组合，提高资金利润效率。

在指标体系的运用上，需要采取一定的步骤。

比如，实施初期仅仅对项目业绩进行列示，作为私募股权投资管理公司管理层驾驶舱的指标体系，用于项目分级、投资策略/投后管理策略调整等工作的先导依据。

指标体系运行一段时间以后，可以对不同的指标赋予一定的权重，与其他非财务类考核指标一起，共同构成综合考核体系，对投资总监进行考核。

综合考核体系运行成熟后，可以引入投资总监业绩 PK 机制，将考核指标与投资总监的物质奖励、精神奖励挂钩，完成绩效体系的建设。

即使绩效体系建设完成，也并非是一劳永逸，还需要定期对绩效体系进行审计，保证体系的运转目标与企业战略目标一致。

三

论免除未清算公司小股东
对公司债务连带清偿责任之弊

1. 摘要

在公司清算中，债权人利益与股东利益的保护应当并重。清算，就是确认股东的有限责任。如果公司清算不能，则事实上就可以认为股东放弃或丧失了自己的有限责任地位，此时则应当倾向于保护债权人的利益，让股东对公司的债务承担无限连带责任。如果对所谓的"大股东""小股东"做出区分，让小股东免于承担连带责任，就损害了债权人的利益。本文从原理及实际操作的角度分析，不应当免除小股东的连带责任，并提出相应的建议。

关键词：清算；有限责任；职业债权人

2. 引言

最高院认为："小股东举证证明其既不是公司董事会或者监事会成员，也没有选派人员担任该机关成员，且从未参与公司经营管理，以不构成'怠于履行义务'为由，主张其不应当对公司债务承担连带清偿责任的，人民法院依法予以支持。"① 本文认为最高院的此种解释，违背了《公司法》的基本精神，损害了债权人的利益，应当予以纠正。

3. 清算中的利益相关方

在公司清算活动中，涉及的利益相关方主要包括股东、董事/监事/高级管理人员、债权人、清算组等。这其中还包括大、小股东之间的关系，监事与董事、高管之间的关系等。

在公司设立阶段，股东之间是合伙关系，一个股东对其他股东的出资瑕疵承担连带责任。② 债权人要求公司清偿到期债务，公司资产不足清偿的，出资有瑕疵的股东，应当补足出资，用于清偿公司的债务，公司设立时的其他股东承担连带责任。公司到了清算阶段，股东之间的这种连带责任也依然有效。如果公司清算不能，则很可能是所谓的"大股东"并没有实际出资，其也没有偿债能力，此时再免除小股东的连带偿债责任，债权人的利益就无法得到保证。

如果因为董事、高级管理人员的失职，导致公司资产不实，因而在清算阶段不能清偿债权的，或者因董事、高级管理人员的失职，导致公司账册毁损，或者就没有账册，公司无法清算。债权人要求股东对公司债务承担连带责任的，则股东应当先承担对债权人的责任，事后再要求董事、高级管理人员承担补偿责任。对清算组的责任处理，也应当与此相同。

---

① 最高院，《全国法院民商事审判工作会议纪要》（《九民会议纪要》）
② 《公司法》第三十条规定"有限责任公司成立后，发现作为设立公司出资的非货币财产的实际价额显著低于公司章程所定价额的，应当由交付该出资的股东补足其差额；公司设立时的其他股东承担连带责任"。

4. 揭开公司的面纱

"公司股东滥用公司法人独立地位和股东有限责任，逃避债务，严重损害公司债权人利益的，应当对公司债务承担连带责任。"[①] 也就是说，公司的有限责任是相对的，在某些特殊情况下，股东还是要对公司的债务承担连带责任。在《九民会议纪要》中，对"滥用公司法人独立地位"的形式也做了列举，如人格混同、过度支配与控制、资本显著不足等，在这些行为当中，既有股东的积极行为，也有股东的消极行为。如过度支配与控制，显然属于股东的积极行为。在人格混同行为中，大部分属于股东的消极行为，如：股东无偿使用公司的资金及财产，未做财务记载的；公司账簿与股东账簿不分，致使公司财产与股东财产无法区分的等。

到了公司清算阶段，如果股东没有积极的清算，或者没有督促、监督清算组进行清算，致使公司没有清算或者无法清算的。本文认为，这显然也是一种公司的人格混同行为。公司清算的目的，就是要核实股东是否对公司还有出资补足责任，查清公司资产和股东资产的界限、公司的资产和负债，在此基础上，按照清偿顺序清偿债务以及剩余财产分配。

如果公司没有清算，或者无法清算，显然就无法核实股东是否还需要补足出资、股东是否曾经抽逃出资等情况，公司的资产是否完整无法确认，也就无法保障债权人的权益。在此情况下，就需要"揭开公司的面纱"，由股东对公司的债务承担连带责任，以保障债权人的利益。

根据法律，公司清算，既有公司股东自行清算，也有人民法院指定清算组的强制清算。因此，如果小股东主张自己无法完成对公司的清算，事实上肯定是站不住脚的。即使大股东不配合，无法完成自行清算，小股东还可以走司法程序，请求人民法院对公司进行强制清算。

---

① 《公司法》第二十条。

5. 股东的偿债责任与清算义务人的侵权责任

在《九民会议纪要》中，对股东的偿债责任与清算义务人的侵权责任进行了划分，但似乎有时候又进行了混淆。如"股东举证证明其已经为履行清算义务采取了积极措施，或者小股东举证证明其既不是公司董事会或者监事会成员，也没有选派人员担任该机关成员，且从未参与公司经营管理，以不构成'怠于履行义务'为由，主张其不应当对公司债务承担连带清偿责任的，人民法院依法予以支持"。股东只要履行了清算义务，或者小股东证明了自己没有"怠于履行义务"，就可以"不应当对公司债务承担连带清偿责任"吗？

这显然是张冠李戴。偿债责任与清算责任是两个完全不同的责任。偿债责任产生的原因是股东的行为：没有完全缴足出资或者抽逃了出资；或者公司经营亏损，导致公司资不抵债。而清算责任产生的基础是公司出现清算事由，由于股东的任命或者人民法院的指定，清算义务人所需要承担的工作。

偿债责任与清算责任的承担主体是不同的。公司债务的偿债责任应当由公司或者公司股东来承担。而在公司清算过程中，如果因为清算义务人疏于履行职务，给股东或者债权人造成损失的，则应当由清算义务人承担清算责任。

公司的清算义务人可能是公司的股东，但大部分情况下，股东和清算义务人并不重合。首先，股份有限公司的清算组就不是由股东构成的；其次，在有限责任公司，股东有可能是非完全民事行为能力的自然人，或者是法人股东，此种股东也不能成为清算组成员。

6. 避开一人有限责任公司的举证责任倒置

"一人有限责任公司的股东不能证明公司财产独立于股东自己的财产的，应当对公司债务承担连带责任。"① 我们称之为举证责任倒置。让一人有限责任公司的股东证明公司财产独立于自己的财产，非常困难，很多人为了避免这种风险，会找一个特别小的"小股东"作为自己避免承担无限连带责任的"挡箭牌"。如张三想成立一家公司，但是他知道，如果他一个人做股东成立 A 公司的话，他很可能就要对 A 公司的债务承担连带责任，怎么办？张三可以拉来李四，对李四说："借你的身份证来用一下，当我公司的小股东，占股 0.01%，也不需要你出钱。"这样，A 公司就可以摇身一变，成为普通的有限责任公司，而不再是一人有限责任公司，张三也就很大程度上避免了对 A 公司债务承担连带责任的风险。

按照《九民会议纪要》的理解，如果上面的李四作为小股东，可以不用对 A 公司的债务承担连带责任的话，就是事实上鼓励了上述利用小股东作为"挡箭牌"的行为，从而违背了《公司法》对一人有限责任公司设置"举证责任倒置"原则的初衷。

7. 小股东无法完成的任务

"小股东举证证明其既不是公司董事会或者监事会成员，也没有选派人员担任该机关成员，且从未参与公司经营管理，以不构成'怠于履行义务'为由，主张其不应当对公司债务承担连带清偿责任的，人民法院依法予以支持。"② 上述表述中，用了"既……也……且……"三个连词，表明

---

① 《公司法》第六十三条。
② 《九民会议纪要》。

三个条件应该是同时成立的，方能成为证明其主张的证据。在实际工作中，该如何证明"从未参与公司经营管理"呢？证明做过的事情容易，证明没做过什么事情就很难。参加股东会算不算参与公司经营管理？所以，上述解释在实际生活中是无法执行的。

8. 结语

不能清算或者未清算的公司，已丧失了公司的独立人格，是需要"揭开面纱"的公司了。此种情况下，是否区分大小股东呢？显然不能区分，《公司法》也没有规定什么是大股东，什么是小股东？该按照认缴出资认定，还是该按照实缴出资认定？《九民会议纪要》的本意大概是大股东是公司实际掌控者，坏事都是大股东干的，所以，应由大股东来承担无限连带责任，而小股东应该免责。但是，从《公司法》来看，不分大小股东，只要是股东，那么对公司的权利义务就都是一样的。如果因为公司没有账册导致公司无法清算，要分两种情况：第一，公司在清算开始之前就没有账册，那这是公司董事、高级管理人员的责任。第二，公司在清算开始之后，把账册等资料损毁了，就是属于清算组的责任。不管是属于董事、高级管理人员的责任，还是属于清算组的责任，其后果都不应该由债权人来承担，而是应该由股东来承担。同样，股东也可以追究董事、高级管理人员或者清算组的侵权责任。

反过来，我们也可以推演，如果免除了小股东的连带责任，将会出现何种情况。公司的实际控制人很可能把自己"伪装"成为小股东，转移公司的资产，然后毁损公司的财务资料。公司无法清算，债务人去找大股东，要求大股东承担无限连带责任，但是大股东只是个"傀偏"，根本没有清偿能力。债权人的利益就完全无法得到保证了。

最后，建议在公司清算诉讼中，如果公司清算不能，先解决公司与债权人之间的关系，股东不论大小，都应当对公司的债务承担无限连带责任，优先保证债权人的利益。如果部分股东因承担了上述责任，超过了他应当承担责任的范围，则应该再启动内部追责程序，要求其他股东予以赔偿。当然，如果清算不能是董事、高级管理人员或者清算组造成的，股东则可以要求董事、高级管理人员或者清算组予以赔偿。

用简单的案例来说明一下。假设 A 公司有张三、李四两个股东，王五是执行董事，赵六是债权人。A 公司注册资本 300 万元，张三认缴 200 万，实缴 10 万；李四认缴 100 万，实缴 10 万。到了公司清算阶段，公司没有账册，无法清算，赵六主张 800 万的债权，要求公司偿还，公司已经没有任何资产，无法偿还债务，因此债权人要求股东张三、李四承担无限连带责任。

此时，如果限制赵六只能要求张三承担无限连带责任，显然赵六的利益难以得到保障，赵六有权力向张三、李四两个人追偿，两个股东，谁的偿债能力强，谁就应该多付一点。

假如张三向赵六支付了 300 万元，李四向赵六支付了 500 万元。公司与债权人之间的债权处理完了。下一步则应该是股东追究执行董事的责任。如果股东承担有限责任，张三只需要把没有实缴的 190 万元缴足就可以了，李四要缴足 90 万元就可以了。但是，因为公司无法清算，导致张三多支付了 110 万元，李四多支付了 410 万元。股东的损失，应当由执行董事王五来弥补，这是因为王五没有尽到勤勉、尽职的义务，妥善制作、保管公司的财务资料，导致公司无法清算，才导致股东额外承担了 520 万元的损失。

四

有限公司担保决议问题探讨

按照《公司法》第十六条的规定，公司为公司股东或者实际控制人提供担保的，必须经股东会或者股东大会决议，被担保的股东或者受实际控制人支配的股东，不得参加该事项的表决，该项表决由出席会议的其他股东所持表决权的过半数通过。

担保对于很多公司而言，是生死存亡的大事，但是，《公司法》第十六条关于担保的规定却非常的粗糙，公司还需要在章程中做出很多补充性的规定。

从立法技术的角度来说，《公司法》第十六条的规定有明显的错误。《公司法》第十六条规定，对公司股东或者实际控制人的担保，由出席会议的其他股东所持表决权的过半数通过。问题主要表现在这几个方面：

第一个漏洞，对担保的对象表述并不完整，也不准确。《公司法》第十六条说的是对股东或者实际控制人提供担保，股东可能是自然人，也可能是其他组织，实际控制人是自然人或者国家。一家公司为自然人提供担保的情况并不多见，更多的情况是为其他企业做担保。立法者的本意也应该是要规范公司对其他企业的担保行为。

用简单的模型来说明漏洞在哪里。假设甲、乙、丙、丁、戊、己、庚都是自然人，甲和乙投资成立 X 公司，甲持有 X 公司 80% 的股权，X 公司和丙投资成立 A 公司，X 公司持有 A 公司 80% 的股权，X 公司又和丁投资成立 B 公司，同样，X 公司持有 B 公司 80% 的股权。A 公司和戊、己、庚投资成立 A1 公司，其中 A 公司持有 A1 公司 70% 的股权，戊、己、庚分别持有 A1 公司 12%、8%、10% 的股权，A 公司全资成立 A2 公司，整个股权结构如下图所示。

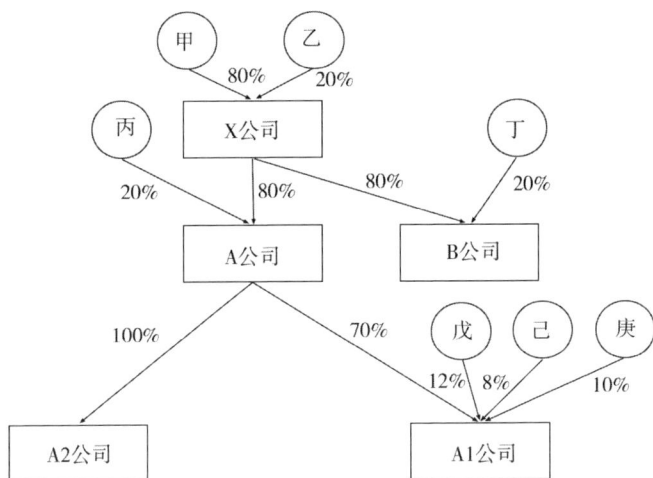

在这种股权结构下，A1 公司可能对甲、X 公司、A 公司、B 公司、A2 公司提供担保，《公司法》的规定就尴尬了，A 公司是 A1 公司的股东，甲是 A1 公司的实际控制人，A1 公司对 A 公司、甲提供担保，受《公司法》第十六条的规范，应该由戊、己、庚三个不相关的股东来表决，而 A1 公司对 X 公司、B 公司、A2 公司提供担保，均不是《公司法》第十六条规范的范围，就应该是 A1 公司的董事会来决策，或者是 A1 公司的四个股东，即 A 公司、戊、己、庚来表决。

很显然，X 公司、B 公司、A2 公司都是受甲实际控制的，A1 公司对 X 公司、B 公司、A2 公司提供担保，甲一个人就保证能够通过，事实上剥夺了戊、己、庚等其他三位股东的决策权。

因此，为了弥补《公司法》第十六条的这个漏洞，A1 公司应该在其章程中建立为关联方提供担保的回避制度。

关联方的概念在会计准则和公司法，以及上市公司披露准则中均有定义，在此不做阐述。如果是对股东、实际控制人及其股东的关联方、实际控制人的关联方提供担保均需回避的话，A1 公司对甲、X 公司、A 公司、B 公司、A2 公司提供担保的表决中，A 公司均不能参与表决。这样才是符合立法本意的，也才能保证戊、己、庚三位股东的权益不受侵害。

《公司法》第十六条中的第二个漏洞，在两个字上，就是"出席"。从《公司法》的结构来看，第十六条对有限公司和股份公司都是适用的。在第十六条第二款的规定也可以证明这一点。但是，有限公司的股东会表决，计算表决权总数的时候，不是按照出席会议的股东计算的，而是按照全体股东计算的。只有股份公司的股东大会，在计算表决权总数的时候，才是按照出席会议的股东来计算的。

还是上面的这个模型，假设 A1 公司是有限公司，现在 A1 公司召开股东会，A1 公司为 A 公司提供担保进行表决。如果 A 公司、戊、己、庚四个股东都出席会议，A 公司不参加表决，不计算在计票总数当中，戊同意，己、庚不同意，同意的表决权比例为 12%，不同意的表决权比例为 18%，同意的表决权占表决权总数的比例为 40%，没有过半数，这项决议就不能通过。

另一种情况，A 公司、戊、己三个股东出席会议，庚没有出席会议，同样的，A 公司不参加表决，戊同意、己不同意，这项决议是通过还是不通过呢？

如果把庚的表决权计算在表决权总数里面，12% 同意，8% 不同意，10% 未表决，决议同意的表决权不到半数，决议不通过。

显然，这样的计算方法是和《公司法》第十六条的规定不相符合的，《公司法》第十六条第三款是说"出席会议的其他股东所持表决权过半数通过"。庚没有出席会议，按照这个条款，是不计算在表决权总数里面的。所以，在这个案例中，"出席会议的其他股东所持表决权"是指戊的 12% 表决权和己的 8% 的表决权，戊同意，庚不同意，同意的过半数，决议应该通过。

这样看来，只要机械地适用《公司法》第十六条第三款的规定，就可以解决为股东、实际控制人担保的计票问题，但是，这个问题却会引出来更为棘手的问题。

在整部《公司法》中，有限公司的股东会，都是以所有股东都会出席股东会为一个前提假设的，《公司法》在立法出发点上，就是认为有限公司是小公司，股东人数不多，股东之间也比较熟悉，所以聚在一起开会也比较容易，所以，在法律条文上，并没有考虑如果股东没有出席股东会，该如何计算表决权总数的问题。或者说，是假设股东会表决的表决权总数就是全体股东所持表决权。

例如，《公司法》第二章"有限责任公司的设立和组织机构"第二节"组织机构"第四十三条第二款"股东会会议作出修改公司章程，增加或者减少注册资本的决议，以及公司合并、分立、解散或者变更公司形式的决议，必须经代表三分之二以上表决权的股东通过。"

这里的"三分之二"，应该是全体股东所持表决权的三分之二，而不是出席会议的股东所持表决权的三分之二。

与此相对应的是股份公司的规定，在《公司法》第四章"股份有限公司的设立和组织机构"第二节"股东大会"第一百零三条第二款"股东大会作出决议，必须经出席会议的股东所持表决权过半数通过。但是，股东大会作出修改公司章程、增加或者减少注册资本的决议，以及公司合并、分立、解散或者变更公司形式的决议，必须经出席会议的股东所持表决权的三分之二以上通过"。

从《公司法》第四十三条第二款和第一百零三条第二款对比来看，对于股东会/股东大会特别决议事项来说，有限公司的表决权比例要求更高，是全体股东所持表决权的三分之二以上，而股份有限公司，是要求出席会议的股东所持表决权的三分之二以上通过。

有限公司的人合性更强，对于公司的重大决策，须要求达成更大范围的共识，而股份有限公司，除发起人股东之外，其他股东都是资合性的，能出席股东大会，说明对公司比较关心，不出席股东大会，也很正常。对于不出席股东大会的这部分股东，实质上是放弃了对公司管理的参与权。

从以上分析可知，有限公司为股东或者实际控制人提供担保，《公司法》的规定由出席会议的股东所持表决权过半数以上通过，要求与股份公司一样，不能不说是一个很重要的疏漏之处。

那么，有限公司的章程是否可以规定对股东、实际控制人提供担保需要更高表决权比例要求呢？比如，不是出席会议的股东，而是其他股东所持表决权过半数以上通过，这样的规定，有法律效力吗？

有效。一般来说，公司章程中违反法律、法规的规定是无效的。但是，章程的规定和《公司法》不一致，不代表就是违反法律规定。章程中的规定与《公司法》的规定是相向的，就是有效的。正如担保这个问题，有限公司对股东、实际控制人提供担保，股东会决议要求非关联股东的全部表决权的过半数以上通过，这个标准高于或者说比《公司法》的规定更严格，更多地保护非关联股东的利益，是符合法律立法原则的，因而也是有效的。

五

股权代持

1. 定义

正常来说，在公司中，谁向公司出资，谁就拥有股权；但是，现实生活中，往往是不正常的人也挺多。有的人实际向公司出资，但是，不以他自己的名义来担任在企业信息公示系统里面登记的股东，而是让其他人来担任股东。我们把这种情况称之为股权代持，在股权代持关系中，实际向公司出资的人，称之为实际出资人、实际股东、隐名股东；没出资但是登记为股东的人，称之为名义股东。

2. 代持原因

为什么有人要做这种"见不得人"的股东呢？可以归纳为如下几个原因：

第一，实际股东的身份不允许他从事营利性活动，也就不能成为股东，如公务员、警察、现役军人、国企中高层管理人员等，因此需要借用别人的名义来办公司。

第二，在某些特定行业，需要股东满足一定的条件，有钱的人不满足条件，满足条件的人没钱办公司，两人一勾搭，就可以凑在一起，以股权代持的方式来设立公司。如设立银行，往往要求主要股东具有金融行业的资质和条件；如设立公司形式的会计师事务所，要求股东具有注册会计师资格，等等。

第三，国家限制外资进入某些特定行业。如国家不允许外资持有国内互联网公司的股权，而实际上早期的互联网公司都是外资投资的，这样他们就采用"协议代持"的方式规避国家的规定。正因为存在这样的"弯弯绕"，所以马云才能够将支付宝从雅虎、软银手中"夺"回来。

第四，规避国家法律强制性规定，如在农村小额贷款公司中，最大股东及其关联方持股比例不得超过40%。

第五，规避合同性义务，如竞业禁止义务。在公司章程、竞业禁止协议中，往往要求公司董事、核心技术人员不得从事与公司有竞争关系的业务。而这些人员如果想干这些事情又不被人发现，就会采用股权代持的方式。

第六，掩盖关联交易。如果大股东、实际控制人想通过交易转移公司利润，侵占中小股东的利益，就需要采用关联交易的方式。但是，直接的关联交易很容易被人质疑，所以大股东、实际控制人往往采用股权代持的方式，掩盖关联交易事实。

第七，实际投资者人数太多。公司法规定有限公司发起人不能超过50人，如果实际投资者超过人数规定，则可能采用股权代持的方式实现投资。

第八，怕麻烦。有的实际出资的小股东，股权比例很小，如果登记为名义股东，就需要在很多时候到行政机关面签文件。为了避免这样的麻烦，就采用了股权代持的方式。

第九，集中控制权或者营造"股权分散"的假象。股东人数太多的话，股东会很难形成决议，采用股权代持并委托投票权，则可以提高决策效率。也有相反的情况，为了让投资人觉得股权比较分散，管理也很"民主"，大股东可能会让其他人代持他的一部分股权。

第十，"背靠大树好乘凉"，借用名人效应，让名人担任名义股东，便于公司扩大影响力。

等等等等，上面的十个原因，仅仅是比较常见的股权代持的原因，现实生活中还有更多千奇百怪的股权代持的理由。仅从上面十个理由中，就可以看出，股权代持很多都是违法的，或者"打法律的擦边球"，很容易在股东之间产生纠纷。所以，不论是公司股票发行上市，还是在新三板挂牌转让，都要求"股权清晰"，也就是不允许存在股权代持的情况。

3. 代持关系

那么，股权代持可能产生哪些问题，以及法律规定是如何解决这些问题的呢？这主要体现在《公司法》"司法解释三"中的第二十四条到第二十六条。具体的法律条文非常枯燥、晦涩难懂，下面用简单的模型来解释一下这些法律规定。

在股权代持法律关系中，主要涉及公司、公司债权人、名义股东、实际股东、其他股东、受让股东、国家等几个方面的利益相关方。为了便于解释他们之间的关系，给他们各起了一个名字，图示如下。

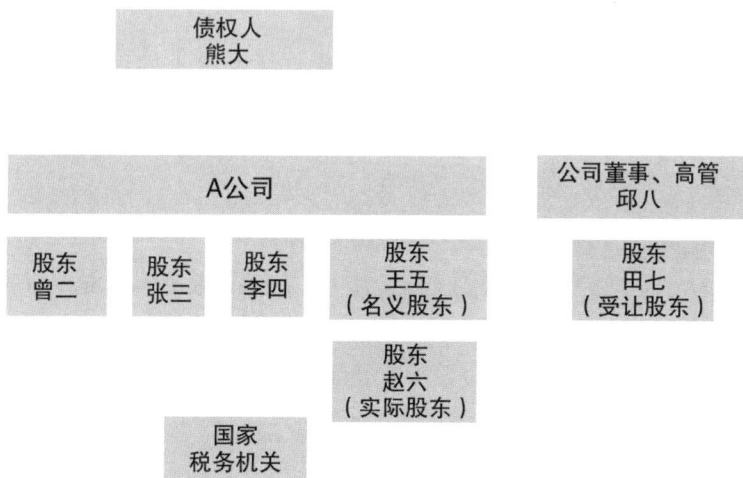

债权人 熊大

A公司	公司董事、高管 邱八

股东 曾二	股东 张三	股东 李四	股东 王五 （名义股东）	股东 田七 （受让股东）

股东 赵六 （实际股东）

国家 税务机关

这里假设曾二、张三、李四、王五等四名股东共同投资设立了 A 公

司，但是，实际上，王五只是一个名义股东，实际出钱的是赵六，也就是说赵六是实际股东、隐名股东。

第一种情况：

A公司2020年度实现盈利，给四位股东都分配了利润。实际股东赵六听说了这件事情之后，找到王五，对王五说："听说公司分红了啊，你把钱转给我吧！"王五说："你谁啊，我凭什么把钱转给你？"

赵六把王五告上法庭。

法官问："赵六，你主张王五把A公司分配的红利给你，你有什么证据吗？"

赵六拿出一张纸，说："法官大人，这是我和王五签的股权代持协议，这上面写得清清楚楚，我是实际股东，王五是名义股东，所以王五应该把A公司分配的利润给我。"

法官说："王五，这协议是真实的吗？"

王五说："这协议是真实的。"

法官会怎么判决呢？

《公司法》司法解释三第二十条规定"实际出资人与名义股东因投资权益的归属发生争议，实际出资人以其实际履行了出资义务为由向名义股东主张权利的，人民法院应予支持。"

因此，在上面的情况下，法官会判决王五应该把A公司分配的红利交给赵六。但是，这里说的是"但是"，而且，往往"但是"是非常的重要。

但是一：

《合同法》第五十二条　合同无效的法定情形

有下列情形之一的，合同无效：（一）一方以欺诈、胁迫的手段订立合同，损害国家利益；（二）恶意串通，损害国家、集体或者第三人利益；（三）以合法形式掩盖非法目的；（四）损害社会公共利益；（五）违反法律、行政法规的强制性规定。

在上面情况下，赵六能够要回红利的前提条件是赵六和王五之间签订的股权代持合同是有效的。第一，要有股权代持合同，否则，说不清楚，

第二，股权代持合同要有效，就是不能存在合同法第五十二条规定的情形。

从《合同法》第五十二条的规定来看，前面列举的股权代持的十种原因中，很多都是属于第（二）（三）（四）（五）种情况，因此这样的股权代持协议很可能被法院认定为无效合同，因此，实际股东的利益也就无法得到保证。

但是二：

上面的《公司法》司法解释三第二十四条中规定，实际出资人主张权利的理由是"其实际履行了出资义务"。在现实生活中，"空手套白狼"的情况很多，特别是在目前注册资本实行认缴制的情况下，很多公司都没有实缴注册资本，因此不管名义股东还是实际股东，都没有证据证明自己"实际履行了出资义务"，因此，实际股东要求名义股东给他红利，往往也是没有充分理由的。

在上面的情况下，如果王五对法官说："这个协议虽然是我和赵六签的。但是，在公司的股东名册上，以及公司登记机关登记的都是我的名字，我才是真正的股东，我不应该把红利给赵六。"

法官会支持王五的这个说法吗？

不会。在王五和赵六的关系中，法官会优先认定他们之间的股权代持协议，只要股权代持协议是有效的，法官就会保护实际股东的权益，而不论公司登记机关登记的是谁的名字。

再延伸一下这种情况，国家税务机关应该怎么对隐名股东收税？

现在税收法律法规并没有对股权代持如何征收个人所得税做出明确规定，可供参考的是厦税函〔2020〕125号国家税务总局厦门市税务局关于市十三届政协四次会议第1112号提案办理情况答复的函，在这个文件中，将隐名股东的身份做了分类，分为自然人和企业两种，自然人隐名股东收到名义股东支付给他的红利、股权转让所得后，不需要再缴纳个人所得税；企业隐名股东收到名义股东支付给他的红利、股权转让所得，应当并入利润总额计算缴纳企业所得税。

在上面的例子中，名义股东王五是自然人，隐名股东赵六也是自然人。因此，A公司在将红利支付给王五的时候，应当代扣代缴20%的红利个人所得税。按照厦门的这个文件，王五在将他收到的红利支付给赵六的时候，王五就不需要再代扣代缴个人所得税了，赵六自己也不需要就此红利收入去申报个人所得税了。

那如果隐名股东是企业呢？

会比较冤！

A企业将红利支付给王五的时候，是需要代扣代缴20%的个人所得税的。王五再将他收到的红利转付给隐名股东，按照厦门的这个文件，隐名股东（企业）还需要将此收到的红利并入企业利润总额缴纳企业所得税。

那如果名义股东是企业呢？隐名股东还是分自然人和企业两种情况。

如果隐名股东是自然人。A公司分配红利给名义股东，A公司不需要代扣代缴什么税。名义股东收到红利后，因为符合居民企业之间红利免税的税法规定，因此名义企业也不需要就收到的红利缴纳企业所得税。但是，当名义股东将这部分红利支付给隐名股东的时候，就会出现问题？名义股东以什么名义将红利支付给隐名股东，红利？劳务？工资？

红利肯定不行，隐名股东都不是名义股东的股东，所以凭什么给他支付红利？

支付工资需要有劳动关系，支付劳务需要有劳务关系，否则就是虚假业务。

所以，当名义股东是企业，隐名股东是自然人的话，业务逻辑就走不通，也谈不上隐名股东该怎么交税了。

当名义股东是企业，隐名股东也是企业。A公司将红利支付给名义股东，这过程中没有交税的要求，名义股东怎么将红利支付给隐名股东？

如果隐名股东最初将资金支付给名义股东，是作为借款，那收回的资金可以作为收回本息，就需要按照利息收入缴纳增值税、企业所得税等。

如果隐名股东最初将资金支付给名义股东，是作为投资，也就是说隐名股东是名义股东的股东，那也就是隐名股东是间接投资A公司，那也达不到"隐名"的目的，也不会作为股权代持来处理了。

第二种情况：

赵六觉得王五不厚道，自己做"地下股东"风险太大。于是赵六找到A公司的董事长、总经理邱八，对他说："我才是公司真正的股东，你看，这是我和王五签的股权代持协议。你在股东名册上把王五划掉，把我名字填上去，而且，还要到公司登记机关把股东名字也变更过来。"

邱八说："你谁啊？我凭什么听你的。"

赵六又把邱八告上了法庭。

法官说："赵六，你又来干什么？"

赵六说："我要当真正的股东，我有股权代持协议作为证据。"

法官会支持赵六的主张吗？

《公司法》司法解释三第二十四条规定"实际出资人未经公司其他股东半数以上同意，请求公司变更股东、签发出资证明书、记载于股东名册、记载于公司章程并办理公司登记机关登记的，人民法院不予支持。"

因此，在这种情况下，法官不会支持赵六的主张，赵六无法从"地下股东"转为登记的股东。

那赵六应该怎么办呢？从司法解释条文中可以看出，实际股东要想成为登记股东，和股权转让的程序是类似的，就是要求"公司其他股东半数以上同意"，因此，赵六应该找公司的其他股东，也就是曾二、张三、李四他们商议，要求他们同意。如果他们三个人当中有两个人同意（这里是看人数，不是看他们的持股比例），那赵六就能"转正"，如果其他三个股东中只有一个人同意，两个人反对，那赵六就不能"转正"。

在这里，还有一个细节，在股权转让中，如果其他股东不同意转让，就要购买，既不同意也不购买的，视同同意。因此想转让股权的股东还是可以最终实现自己转让股权的目的。但是，在隐名股东"转正"过程中，司法解释并没有说不同意转让是不是视同购买，而且，隐名股东也不会出钱向名义股东购买股权，因此，如果没有其他股东过半数同意，隐名股东也就无法实现"转正"的目的。

第三种情况：

王五想：我做这个名义股东，好处没有，麻烦很多，还有可能要背黑锅。不如把这股权卖了。

于是，王五找到田七，对田七说："我是 A 公司的股东，我现在不想要这股权了，我把股权卖给你吧。"

田七是有法律常识的，他说："曾二、张三、李四他们几个股东同意吗？"

王五说："其他股东都同意了，你看，我们开了股东会的，这里有他们同意的签名。"

田七说："那我就放心了。一手交钱，一手办变更。"

王五把持有 A 公司的股权卖给了田七，并且办理了变更登记。

赵六天天刷手机，这天他看到 A 公司的股东变成了曾二、张三、李四、田七他们四个人，王五不见了。赵六赶紧跑到公司问董事长邱八，"怎么回事，王五怎么不是股东了，怎么多了个田七？"

邱八说："王五把股权卖给了田七，你看，股东会决议、股权转让合同都有，也办了公司股东变更登记。"

赵六把田七告上法庭。

法官："赵六，你来干什么？"

赵六："我要求田七把股权还给我。"

法官："你有什么证据？"

赵六："我有和王五签订的股权代持协议，那股权是我的，王五不能把我的股权卖了。所以田七应该把股权还给我。"

法官："田七，你有什么说法？"

田七："赵六就是无情无耻无理取闹。我买王五的股权，有股东会决议，有转让合同，有股权登记，有付款单据，所有手续真实完备。凭什么要把股权还给赵六？"

法官会支持赵六吗？

《公司法》司法解释三规定："名义股东将登记于其名下的股权转让、质押或者以其他方式处分，实际出资人以其对于股权享有实际权利为由，请求认定处分股权行为无效的，人民法院可以参照物权法第一百零六条的规定处理。"

《物权法》第一百零六条 善意取得

无处分权人将不动产或者动产转让给受让人的，所有权人有权追回；除法律另有规定外，符合下列情形的，受让人取得该不动产或者动产的所有权：（一）受让人受让该不动产或者动产时是善意的；（二）以合理的价格转让；（三）转让的不动产或者动产依照法律规定应当登记的已经登记，不需要登记的已经交付给受让人。受让人依照前款规定取得不动产或者动产的所有权的，原所有权人有权向无处分权人请求赔偿损失。当事人善意取得其他物权的，参照前两款规定。

按照《物权法》的规定，以前面设定的条件看，法官是不会支持赵六的主张的。田七从王五手里购买股权，没有和王五恶意串通损害赵六的利益，给了合理的价钱，还办理了过户登记，所以，田七就取得了股权。

那赵六怎么办呢？

赵六应该去找王五，要求王五将卖股权的钱给他。如果赵六认为王五卖股权，价格卖低了，损害了他的利益，则可以要求王五赔偿他的损失。至于王五是不是真的要赔偿，则需要看法官的裁判了。

第四种情况（与第三种并列，王五还是名义股东）：

2021 年，A 公司经营不善，资金紧张，无力支付拖欠债权人熊大的债务。熊大将 A 公司告上法庭。熊大在前期调查中，发现王五认缴注册资本 100 万元，实缴 20 万元，于是，熊大将王五列为共同被告，要求王五承担补充赔偿责任。

法官："王五，熊大要求你承担补充赔偿责任，你要把剩下的认缴注册资本 80 万元缴到公司，你有什么要说的？"

王五说："我冤！我只是个名义股东，有我和赵六签的股权代持协议为证据。你们要钱应该找赵六去要。"

法官会支持王五的说法吗？

《公司法》司法解释三第二十六条规定："公司债权人以登记于公司登记机关的股东未履行出资义务为由，请求其对公司债务不能清偿的部分在未出资本息范围内承担补充赔偿责任，股东以其仅为名义股东而非实际出资人为由进行抗辩的，人民法院不予支持。"

因此，在这种情况下，王五必须要以他的个人财产来帮助 A 公司偿还熊大的债务。当然，也不是无限制的偿还，范围限定在未出资本息范围内。比如，王五认缴 100 万，应该在 2020 年 1 月 1 日缴足，结果到期只缴了 20 万。到了 2021 年 12 月 31 日，熊大要求偿债，那王五就应该将欠的 80 万元注册资金，连同 2020 年、2021 年两年的利息支付给公司，公司用这些钱来偿还拖欠熊大的债务。

这里有个细节，如果熊大打官司的时间比 2020 年 1 月 1 日要早，就是按照章程的规定，王五还没有到要缴足注册资本的时间，那王五要不要缴足？

这也是需要的。如果王五不提前缴足注册资本，那公司就没钱还债，熊大就可以要求 A 公司破产，在公司破产清算中，股东一样要提前把认缴注册资本缴足。

还有一种情况，就是熊大打官司的时间非常晚，比如在 2025 年，距离 2020 年 1 月 1 日应该缴足的时间已经超过了三年，那王五能不能说已经过了诉讼时效，他就可以不用去缴足注册资本了呢？不可以，认缴注册资本不适用诉讼时效的规定，不论到什么时候，股东都有义务缴足认缴的注册资本。

这告诉我们两个道理：

第一，吹的牛，终会有报应。认缴注册资本不是越大越好，要适量而行。

第二，名义股东风险大，无端背锅难逃责。

那王五背了这个"黑锅"，有什么补救的措施吗？

还是有的，王五可以找赵六要求追偿，至于赵六能不能给他钱，那就看法官如何裁判，以及赵六有没有赔偿能力了。

4. 总结

对上面的几种情况做一个简单的总结：在名义股东与隐名股东之间，以股权代持协议为主；在名义股东、隐名股东与外部人，如其他股东、公司债权人、受让股权的第三人之间，以公司登记机关登记的信息为主。

《公司注册资本登记管理规定》（国家工商行政管理总局令第 64 号）第八条"股东或者发起人必须以自己的名义出资"，股东要求实名制。而最高法《公司法》司法解释三，说明人民法院认可代持合同具有法律效力。

如果公司准备 IPO 上市，那肯定不能股权代持。

总之，股权代持风险多多、麻烦多多，建议尽量避免。

六

最高法调整民间借贷利率司法保护上限

2020 年 8 月 20 日，最高人民法院发布新修订的《最高人民法院关于审理民间借贷案件适用法律若干问题的规定》（以下简称《规定》）。新修订的《规定》关键信息有如下两条：

第一，在人民法院认定借贷合同无效的五种情形中增加了一种，即第十二条第三项"未依法取得放贷资格的出借人，以营利为目的向社会不特定对象提供借款的"应当认定无效。

第二，调整民间借贷利率司法保护上限：以中国人民银行授权全国银行间同业拆借中心每月 20 日发布的一年期贷款市场报价利率（LPR）的 4 倍为标准确定民间借贷利率的司法保护上限，取代原《规定》中"以 24% 和 36% 为基准的两线三区"的规定。

上面的表述专业术语太多，下面用一个简单的例子来说明上述内容的具体含义。

杨老汉接到黄老板的电话："杨老头，你借我的钱该还了，本金 100 万，月息 2 分，借了一年，连本带利一共 124 万，我明天带人去你家收钱，你要在家等着！"

杨老汉莫慌。

第一，看看黄老板有没有经营贷款业务的资质，这个资质是通过银保监会发放的金融业务许可证牌照来体现的。一般来说，只有银行、小额贷款公司等金融机构才有经营贷款业务的资质。现在很多所谓的"民间借贷""网贷""校园贷"机构，并没有国家的行政许可，属于违法经营。

第二，如果杨老汉经过检查，发现黄老板并没有经营贷款业务的金融牌照，则可以进一步追查，黄老板在 2 年内向不特定的人发放贷款有没有超过 10 次，如果有证据证明黄老板 2 年内向不特定的人发放贷款超过 10 次，则可以果断报案，警方则将会以非法经营罪对黄老板展开调查。那杨老汉与黄老板之间的借款合同就无效了。合同无效了怎么办？杨老汉最多把本金还给杨老板就可以了，不用支付利息。

第三，如果黄老板不属于上面描述的这种以营利为目的的"职业放贷人"，他之所以会借钱给杨老汉，是因为他与杨老汉有业务关系，是为了帮助杨老汉度过暂时的资金困难。这种情况下，杨老汉与黄老板之间的借款合同就是有效的，就要进一步看合同约定的利率。

第四，民间借贷经常说的几分利，是指借款本金 1 元，每月要产生几分钱的利息。如果换算成年利率，则需要乘以 12，当然，如果是按月计算利息，而且是复利的话，实际利率会更高。上面说的 2 分利，可以简单理解为年利率 24%。在本次调整之前，国家对民间借贷利率的司法保护分为"两线三区"，也就是 24% 以下、24%～36% 以及 36% 以上。也就是说，如果杨老汉和黄老板约定的借款年利率在 24% 以下，两个人到法院打官司，法院会支持黄老板的主张，杨老汉必须按照约定的利率还本付息。如果两个人约定的利率在 24%～36%，则杨老汉可以支付这么高的利息，也可以不支付这高利息，如果已经支付了，就不能要回来。如果没有支付，黄老板也不能请求法院强制要求杨老汉支付。如果两个人约定的年利率超过 36%，则法院就不会支持黄老板的要求，杨老汉就可以不支付这么高的利息。原来的规定比较复杂，此次修订，将司法保护利率上限调整为一个标准，就是银行间同业拆借一年期贷款市场报价利率（LPR）的 4 倍，不用理解什么是 LPR，需要注意两点：（1）按照这个标准计算，现在的司法保护利率上限大概是 15.4%，比以前的"两线三区"要低很多；（2）这个标准是浮动的，而不是像以前那样是固定不变的。如果按照新的标准，杨老汉和黄老板之间约定的年利率为 24%，超过 15.4% 的上限标准，因此如果两个人打官司，法院就会判决杨老汉只要支付 15.4% 的利息就可以了，多的可以不用支付。

第五，这里说的是"司法保护"，那到底是保护谁？其实对借贷双方都有保护。如果杨老汉和黄老板约定的利率低于或者等于利率上限，则杨老汉就必须按照约定支付利息，这样就保护了黄老板的利益。如果两个人约定的利率超过利率上限，那杨老汉则不用支付超过利率上限部分的利息，这样就保护了杨老汉的利益。

第六，这里说的是"司法保护"，就是说如果借贷双方闹到法院，法院就会按照这样的利率上限去裁判。而如果借贷双方约定的利率超过利率上限，但是借款人到期后很愉快地把本息都还了，这也是允许的，司法并不会主动介入。

第七，在这条新闻的评论区看到"哈哈这么一算信用卡分期都属于高利贷不受法律保护了"，只能说这位网友想多了。看清楚文件，是民间借贷才受到这个利率上限的约束。信用卡都是有金融经营牌照的银行发行的，不属于民间借贷，当然利率也就不会受到这个利率上限的约束了。

第八，这个司法保护利率上限中包含违约金、逾期利率等各种名目的利益要求，只要出借人要求的利益总和超过司法保护利率上限，法院就都不会支持。

七

"净利润"的秘密

最近几天，有一个会计专业术语——"净利润"刷屏，什么是净利润，网文作者按照净利润分钱，和以前按照订阅收费分成有什么区别，净利润的本质到底是什么，我今天就给大家做一个普及。

净利润是利润表上面的一个项目，利润表又是财务报表中的一张主要的报表。因此，净利润是标标准准的一个会计术语。我们来看一下常见的利润表就是本书第 82 页图片中这个样子的，第一行叫收入，第二行叫成本，第三行叫税金及附加，再下面有营销费用、管理费用、财务费用、利润总额、所得税，最后一行是净利润。有的公司财务报表会复杂一点，还有投资收益、营业外收入、营业外支出等杂七杂八的东西。我们先不管那些，不会影响我们对净利润的理解。

那上面说的这些收入、成本、税金及附加等，是什么意思呢？我们假设一个经营主体，来解释这些术语。

假设张三有一个煎饼摊子，每天卖煎饼。如果一个煎饼卖 10 元，张三一天可以卖 200 个煎饼。那张三一天可以收到 2000 元钱，这 2000 元，就是张三的收入。

张三为了做煎饼，需要买面粉、鸡蛋、食用油、煤气等这些原材料，每做一个煎饼，就要消耗一部分这些原材料，我们就称这些原材料是成本。当然，这些原材料成本并不是成本的全部。做煎饼还要有做煎饼的炉子、车等这些工具，要张三投入劳动，这些也都是成本。但是，买工具花的钱，和张三劳动的价值，不能一次性算到一个煎饼的成本里面，所以需要用一定的方式分摊到很多煎饼里面。这里假设每个煎饼的原材料是 3 元钱，分摊的购买工具的钱是 1 元，张三的劳动是 1 元，因此，每个煎饼总的成本就是 5 元。张三每卖一个煎饼，售价 10 元，成本 5 元，我们说每一个煎饼的毛利是 5 元。如果算总数的话，这一天卖 200 个煎饼，总收入是 2000 元，总成本是 1000 元，其中原材料成本 600 元，工具成本是 200 元，张三的劳动成本是 200 元。

我们再换一个情况看这个问题。如果某一天下大雨，张三没有卖 200 个煎饼，只卖了 20 个煎饼，情况如何呢？

如果只卖 20 个煎饼，那使用面粉、鸡蛋、食用油等这些材料肯定也减少了，因此，每个煎饼的材料成本还是 3 元。但是，分摊使用工具的钱，和张三的劳动价值，会和原材料成本不一样。就算卖的煎饼少了，工具一样会损耗、变旧，所以，每个煎饼分摊的工具的钱会变多。同样，张三就算今天卖的煎饼少了，他自己一样要吃饭，所以他的劳动工资不能减少。我们来算一下。

卖 20 个煎饼，每个 10 元，那总收入就是 200 元。总成本是多少呢？每个煎饼的材料成本是 3 元，20 个煎饼，总的材料成本是 60 元。工具分摊的成本不变，还是 200 元，张三的劳动成本也不变，也是 200 元，因此总成本是 460 元，这样算下来，张三一天的毛利是负的 260 元，也就是亏了。

我们把上面的原材料成本称之为变动成本，因为卖的煎饼数量不同，这个原材料成本就会不同。把上面的工具的成本和张三劳动的成本，称之为固定成本，因为这两项成本是固定不变的，不会随煎饼销量的变化而变化。

下面再简单地分析一下管理费用。在张三的这个例子中，我们可以认为张三需要每天上交 200 元给他老婆用于家庭开支，这就是管理费用。一般的公司里面，管理费用就是管理部门发生的费用，比如办公室房租、办公室人员的工资薪酬等。大部分的管理费用，也是固定费用，因为不管业务做了多少，总是要交房租。

收入减去成本、费用、所得税之后，就是净利润。

那收入、成本、费用、净利润和企业里面的不同的人又是什么关系，为什么网文作者会这么反感把他们的收入和"净利润"挂钩呢？

收入是一个企业里面所有人的利益的来源，因此，收入肯定是越多越好。

再往下，不同的人利益来源就不同了。员工的利益来源有两种方式，一种是固定的，一种是变动的，或者是以上两种方式的综合。如果是计件工资，那就是工人的收益就是变动的。或者，销售员根据收入的比例分成，在这种情况下，销售员的工资也是变动的。但是，不管是根据收入的比例分成，还是按照工作量计件，老板都需要按照约定的条件给员工发工资。

对于办公室职能部门的员工来说，员工的大部分工资应该都是固定的。不管公司业务做多少，老板都需要按照劳动合同的约定给员工发工资。

那老板拿什么钱呢？老板就是标准的"剩男剩女"，就是前面所有的员工拿走了他们应得的，再给国家交了企业所得税和个人所得税，剩下来的，就都是属于老板的了。我们经常说剩者为王，老板们是剩男剩女，所以，正常情况下，都是老板们拿的最多。如果碰到不正常的情况，如这两年的疫情，那很多老板就熬不住了，只能宣布企业倒闭。

现在来分析，为什么网文作者很反对按照"净利润"给他们支付报酬？

按照刚才的分析，能拿到净利润的，都是老板，现在给这些作者以老板的待遇，这些网文作者不知道感恩，反而发起"五五断更节"①，这不是不知好歹吗？

其实，很多中小企业的老板，都有同样的问题，喜欢搞股权激励，让员工分享利润，结果没啥效果，员工反而怨声载道，为什么？

其实，这要搞清楚啥是老板，啥是员工。

老板是承担投入固定成本的风险并享受剩余收益的人。员工就是不愿意承担固定风险也不想享受剩余收益的人。企业家才能是极其稀缺的资源，能有当老板的心而且有当老板才能的人，早就自己跑去当老板了，怎

---

① 百度百科：55断更节，是由网文作家在网络平台，针对网络文学平台阅文集团发起，以断更（停止更新）的方式，抵制阅文集团推出的作者权益缩水的新合约。

么可能给你打工，等着你的股权激励计划呢？

除了剩余收益这个概念外，还要理解一个概念，叫作剩余控制权。员工和企业签劳动合同，干一份活，挣一份钱。但是，劳动合同总有规定不到的地方，有规定不清楚的地方，这个时候，就是老板说了算。老板们愿意享受剩余收益，因为他们可以利用自己手中的剩余控制权，来影响剩余收益的多少，老板把剩余控制权玩得溜，自己就可以多挣很多钱。对于员工而言，情况就是相反的，员工没有能力影响剩余收益的多少，所以，他们也就没心情、没欲望去享受剩余收益。

现在大家应该能理解网文作者的想法了吧。原来是按照收入分成，只要作者写得好，写得快，就能多分钱，也就是命运的罗盘把握在自己的手里，即使平台黑一点，作者的分成的比例少一点，忍一忍也就算了。

现在平台要改成按照"净利润"给作者分成，看似把作者当成了老板。但是，作者对平台的固定费用毫无决策权，就等于把自己的命运交到了别人的手里，能挣多少，不再凭自己的才能和努力，而是要看平台的脸色。谁能受得了这个气？

看到本文的老板，你仔细想一想，是不是这么一回事？

利润表	
项目	金额
收入	2000
减：成本	1000
税金及附加	5
营销费用	10
管理费用	200
财务费用	2
利润总额	783
减：企业所得税	195
净利润	588

八

EXCEL 电子表格规范化管理方法

1. 分类

按照功能划分，EXCEL 电子表格可以进行如下分类：

1事实表	2维度表	3打印表	4查询表	5数模表
• 记录业务的流水数据	• 建立查询维度	• 按照打印格式要求调整，可以直接打印成纸质文档	• 直接使用数据透视表功能查询报表	• 使用数据功能进行建模计算

五种类型电子表格的常见形式：

（1）事实表：银行流水、发货单流水、入库单流水、领料单流水、工资表、序时账；

（2）维度表：日期表、部门表、区域归属表、产品分类表；

（3）打印表：出库单、入库单、报价单、财务报表；

（4）查询表：分部门销售业绩报表、分产品种类的材料消耗表；

（5）数模表：线性规划表、单变量求解表、模拟分析表等。

上面五种类型的电子表格中，事实表的数据量最大，对规范性的要求最高；维度表基本不变，但是，在建立查询的过程中作用非常重要，因此要求也非常规范；打印表要满足个性化要求，因此规范性要求可以降低，但是，打印表中的数据应该都是引用数据表中的数据；查询表是从数据表、维度表建立的透视表，可以建立互动查询；数模表是为满足特定要求建立的数据模型，规范性要求最低。

2. 规范性要求

以下为事实表的规范性要求：

（1）不要用合并单元格。

合并单元格给公式的拖拽、排序等操作带来意想不到的麻烦。

（2）事实表不计算合计数。

很多人习惯在表格末端计算合计，这样会影响数据的批量处理。也不要在制表的时候把"合计"插在表格的中间位置。

（3）内容统一。

工作表的第一行是标题行。每列数据一个表头，若干数据。确保结构统一。工作表中的字段名称不重复，字段名称应简单而具有良好的标识作用。

（4）行与行之间、列与列之间不要有隐藏行或有隐藏列。数据之间无空行或空列。

每个事件占工作表的一行。

（5）字与字之间及每一个字前后都不要有空格，即信息库中所有填写内容都不要有空格。

（6）严格遵守时间、日期格式的输入规范。

有时候时间格式参与运算，规范化很重要。采用计算机认同的数据格式，如日期格式应采用 2009-5-23 等，而不采用 2009.5.23。

（7）不同属性的数据不要放在一起。

比如，单位：20 元/斤，把它分到 4 个单元格当中：20 元 /斤。

（8）"只输入一次"原则。

数据只输入一次，需要的时候对其引用，而不是再次输入相同的内容。

（9）改变"一日一表"的习惯。

所有"相同事件"都储存到同一个工作表中。一个月 31 天，就在一个 EXCEL 文件内建立 31 张工作表，初学者只会用这种方法解决问题，那是没办法的事情。

（10）仅用颜色来区分数据，必须避免。

（11）避免引用其他工作表的数据。

（12）使用一致的名称。

比如一个工厂的表格，班组列，一会儿用"二班"，一会儿又变成"2班"，搞到后面会晕死的。统一工作簿中相同数据的名称、编码以及需要引用的公用内容。

对于像公司名称或者人名等公用信息不要使用简写、别称，以便使用函数查找、引用并有利于使用替换等工具。对于工作中不同部门协同的项目或者共同使用的名称也应该统一名称或者采用统一的标准，方便数据在系统内的传递以及共同使用。如果使用过 vlookup 等查找函数就可体会到这个习惯的必要性。

（13）避免同名现象。

花名册存在同名的，必须有替代品，就是唯一的编码，比如工号、身份证号码。

（14）避免无规律的中英文标点符号混用。

在（全角字符和半角字符）字符串里面，有的是（付），有的是（付）。看上去差不多吧，一个是英文标点，一个是中文标点。这会造成预料之中的麻烦和意想不到的困扰。

（15）请勿滥用换行功能 Alt+回车。

（16）建立统一的工作簿、工作表命名规范。

千言万语一句话：数据规范化。就是要求手工做的电子表格，看起来是和从系统里面导出来的表格一模一样的！

九

电商法，民营企业的一道坎？

《电商法》，全称是《中华人民共和国电子商务法》。2018 年 8 月 31 日下午，第十三届全国人民代表大会常务委员会第五次会议表决通过了《电商法》，并确定将从 2019 年 1 月 1 日起正式实施。

说到电商，大家都会联想到马云，联想到阿里巴巴。确实，在 2019 年的"双 11"购物节，马云的天猫再创纪录，交易额达到了 2135 亿元。无数"剁手党"为阿里巴巴的交易数据贡献了自己的力量。但是，天猫平台今后还会再现辉煌么？

在 2018 年 8 月 16 日的立法意见会上，马云亲自到场发言说，电子商务法应该具有国际性、前瞻性，希望能够增添促进电商发展的内容，电子商务法立法并不成熟。因此，马云并不赞同当时出台电商法。

那么，马云为什么反对急于出台电商法呢？电商法出台后，将对电子商务有什么影响呢？我们来看看电商法中的具体规定。

《电商法》中关于电商经营者纳税的规定主要有：

第十一条

电子商务经营者应当依法履行纳税义务，并依法享受税收优惠。

第二十八条

电子商务平台经营者应当依照税收征收管理法律、行政法规的规定，向税务部门报送平台内经营者的身份信息和与纳税有关的信息。

用人话来解释一遍，电子商务经营者，也就是说在网上开网店的，要交税；电子商务平台经营者，也就是淘宝、天猫、京东等这样的电商平台，应该向国家税务部门报送电商的数据资料，也就是说那些每一家网店卖了多少东西，收了多少钱，电商平台都要把数据报送给税务局。

其实，这两条规定都是废话，在现有的法律里面，都已经规定了同样的内容。那么，国家为什么还要这么规定呢？

一直以来，很多老板都有一个这样的观念，那就是做生意，客户需要开发票的，要交税，客户不要开发票的，就不需要交税。这是对的吗？

不对。国家没有任何法律规定说不开发票的就可以不交税。在中国，只要是生产经营活动，也就是开门做生意，就都需要交税，不管有没有赚钱，也不管有没有开发票。但是，由于长期以来中国在税收征管方面，确实是以票控税的，就是以发票来控制税收的。所以老板们形成这样的观念也不奇怪。

习惯，并不代表正确，但是，扭转习惯，就需要加入强大的力量。所以，为了明确地告诉所有的电商经营者，也就是开网店的企业和个人，只要有经营，就要纳税，不管是不是开发票。所以，立法者不惜笔墨，不嫌啰唆，在电商法里面再次强调了电商经营者的纳税义务。

当然，国家其实一直知道很多电商经营者在偷逃税款，但是，为什么这么久都没有足够的重视，只到现在才出台电商法，才想起来要对电商经营者全面征税呢？

这和电商的特点有关系。有过出国消费经历的人都有这样的经验，在回国的时候，可以在机场退税。为什么要退税呢？其实，税收的基本原理就是让最终消费者承担税收，在最终消费地承担税收。我们出国买东西，并没有在当地消费，所以，那个国家就会把附加在产品价格上的税退回来。

那这和电商的税收有什么关系呢？电商和传统的门店生意有一个显著的不同点，就是销售地和消费地是不同的。同样是买一袋泡椒凤爪，如果是在门店里面买的，肯定销售地和消费地基本是在一个地方，所以这个地方的税局收税没有问题。但是，如果江苏的消费者在网上买了一袋泡椒凤爪，而这个泡椒凤爪的厂家是在四川的，这样该哪个地方的税局来征税呢？其实应该江苏的税局来征税，因为江苏的税局不希望江苏的钱流到四川去，如果非要买东西把钱流到四川去，那就应该也给国家做点贡献。但是，问题在于，中国的增值税是间接税，是找商家收税，而不是找消费者收税，而江苏的税局又管不到四川的商家。所以，在这种情况下，江苏、四川两个地方的税局，对网络上的卖家征税的积极性就都不高了。因此，中国的网络交易的税收征管环境也就这样一直很宽松，甚至说是纵容了。

但是，最近几年来，电子商务，也就是网上做生意的规模越来越大，而且，在网店冲击之下，很多实体店经营很困难。所以，大家就都很关注税收的公平性问题。为什么网上开店，就可以不交税，开实体店，就要交税，这样太不公平了。另外，从国家的角度来说，网上巨额的交易没有向国家交税，国家的损失也非常大，所以，电商法出台是迟早的事情。只是，电商法的出台还有两个触发因素，一个因素是国家的经济下滑，财政也吃紧，为了增加税收，国家就把目光投向了电商。另外一个因素，要我说，也就是网店太热闹，如果他们不把购物节的动静搞这么大，国家也就不会这么快重视电商。

再说回电商法中这两条和税收有关的规定，刚才说这两条都是废话，因为经营活动要交税，并不需要再单独规定，电商平台向国家报送资料，也是应有之义。那为什么还要再规定一遍呢？其实，这就是一种强调，要扭转刚才说的这种长期形成的观念，就是要明确地告诉大家，有经营活动就是要交税，而不管是不是要开发票。另外，电商法规定电商平台需要向国家报送电商资料，这说明国家管理税收的观念也有所转变，不再是完全依赖发票数据来征税，而是要看电商平台的交易数据来征税。

在这里，需要延伸一下，给大家普及一下税收征管的知识。我们要有一个概念，国家在某种程度上，也是像一家企业一样，做事情是需要考虑性价比的。具体到征税这件事，国家要考虑征收 100 块钱的税上来，国家要花多少钱出去。可能很多人还有点印象，在早些年，骑自行车也是要交税的，大概是一年一辆自行车要交 2 元钱，而且这个税的历史还很悠久，都交了几十年。在 20 世纪 50、60、70 年代，自行车还是非常重要的家庭财产，能够买得起自行车的人不多，因此，税局想要征收自行车车船税，也比较容易。但是，到了 20 世纪 90 年代以后，自行车已经非常普及了，太多了，国家想要征税就非常困难，派很多人在路口拦住自行车，看看有没有税牌，没有税牌的，就要补税。在这种情况下，做税牌要花钱、雇临时工拦车上税牌要花钱，征收自行车车船税越来越成为赔本的生意。因此，从 2007 年开始，国家就免除了自行车、电动自行车的车船税。

从车船税的例子可以看出，国家收税也讲究性价比，也就是征管手段的变革，是和整个社会的技术进步有关系的。以前中国采用以票控税的手段，是因为觉得用发票来控制税收，成本比较低，比较方便。但是，随着技术的进步，特别是信息技术发展、大数据处理能力的提高，国家发现，用发票来控制税收不是一个很好的选择了。那用什么东西来控制税收比较好呢？显然，是资金。

在过去，一方面中国的人太多了，十几亿人，有 70 多亿张银行卡，而且有很多人是用现金的，所以想用资金来控制税收，政府没有这个技术能力。所以，政府的第一步动作，就是清理每个人的银行卡，制定了银行卡的分类管理制度。这样一清理下来，全国人民手中的银行卡数量就大大减少了，而且二类、三类银行卡不能与其他人的账户发生交易，只能和自己的一类银行卡发生交易，因此银行卡之间的交易关系也大大简化。

政府的第二步动作，就是"收编"支付宝、微信的支付功能。当然，这里的"收编"是通俗的说法。过去中国的所有银行交易，都是通过银联清算的。现在，国家把支付宝、微信他们几个网络支付平台拉到一起，成了一个网联清算有限公司，简称"网联"。其实，就是国家要借助支付宝、微信这些企业强大的技术实力，来管理中国庞大的资金交易数据。有了这些技术大佬的支持，相信将来国家分析每一个人、每一笔资金交易，都不在话下。

政府的第三步动作，就是个人所得税法的改革。很多人只关注到个人所得税的起征点调了多少、增加了多少附加扣除这些东西。其实，更重要、更本质的变化，是对个人所得税征管方式的变化。每个人都成为一个纳税主体，都要在自然人纳税申报系统上报税，国家再把纳税申报数据与公安、央行、民政、教育等政府部门的数据相关联、核对，检查个人申报的数据是否真实、准确。因此，这个征管方式的变化，将会导致很多人的收入浮出水面。

到这里，总结一下，就是随着电子商务的发展，这块蛋糕的利益越来越大，国家为了能够正当地从这块大蛋糕上面切下一块，也是下了大力气，不断地升级国家的税收征管系统。从 2021 年开始，国家的金税三期，将全面接入电商的经营数据，每个人、每个企业的银行交易数据。可以说，国家已经布下了天罗地网，再想偷税会非常困难。

马云为什么会反对急于出台电商法，也是和中国电商行业的现状有关系的。如果大家在淘宝和京东上都买过东西，就会发现二者是有明显的区别，淘宝的可能便宜，京东的要贵一些。为什么呢？因为淘宝平台上的商家大多是不开票的，也是少纳税的，而京东的商家都是会给消费者开具发票的，因此是有纳税的，因此价格要高一点。也就是说，在目前的情况下，各电商平台的管理政策是不一样的。淘宝的最宽松，基本不开发票，而且淘宝对接的支付宝里面的钱，也可以转入店主的个人银行卡；天猫的管理比淘宝要规范一点，商家都需要用营业执照登记，销售款也只能进到商家的银行对公账户里面。而京东的模式最为严密，所有的交易都有发票，京东直接从商家的账户扣税。

所以，从目前的情况看，淘宝的问题比较大，这就是马云不赞成电商法出台的原因。因为电商法出台，对淘宝的影响会非常大，而对京东这样的平台却是一个利好。

说到这里，很多老板可能还觉得这事和自己关系不大，因为自己不是开网店的。网店要征税，最多自己在网上买东西的时候会贵一点，影响不大。这种想法就错了，网店是最终零售终端，终端都被强制要求交税，而且中国实施的增值税是连环抵扣的，会带动零售终端一层一层向上游供应商要求开具增值税专用发票，因此，也就会逐步倒逼其他的所有企业全部纳税。因此，电商法的影响，不会仅仅局限于开网店的这些企业，而是会对所有企业产生强制规范纳税的作用。

回到前面的一个问题，2019 年电商法正式实施，以后的"双 11"还会再创辉煌么？我本人对此是持乐观态度的。只要国内的需求还在，交易额就一定还会再创新高。比如，2016 年 11 月 11 日，交易额达到 1207.48

亿元；2017 年 11 月 11 日，交易额达到 1682 亿元，用时 11 秒，天猫销售突破一个亿，用 13 小时 09 分 49 秒突破 2016 年全天交易额 1207 亿元；2018 年 11 月 11 日，天猫双十一全天交易额 2135 亿元；2019 年 11 月 11 日，交易额达到 2684 亿元，"双十一"全天淘宝直播带动成交近 200 亿元；2021 年 11 月 11 日，交易额为 4982 亿元。[①] 但是，在这个过程中，一定会有很多企业遭受淘汰，阵痛是避免不了的。但是，经过大浪淘沙，被淘汰的企业留下了市场份额，活下来的企业会生存得更好。

哪些企业会在这次电商法的冲击下安然存活呢？就是那些早做准备并提前规范的企业。刚才讲过，中国的增值税是连环抵扣的，举个例子，我们来算一下账。如果 A 是一家网店，在网上卖衣服，以往都不交税。2019 年 1 月 1 日，电商法实施，电商平台把 A 网店的交易流水往税务局一报，税局一看，2019 年 1 月份，A 网店交易流水 1000 万元，来，交税吧，含税价 1000 万元，需要缴纳增值税 138 万元。A 网店能交得起吗？交不起，因为开网店赚不到那么多钱，但是，国家不管你是不是有钱交税，不交税就是罚款加滞纳金，甚至还要坐牢。

那如果这家 A 网店早做准备，提前管理好供应商，要求供应商都开具发票，那会是怎样的情况呢？假设 A 网店 1 月份卖掉的这 1000 万元衣服，进货价是 900 万元，也是含税价，那么，在 1 月份，经过抵扣，A 网店需要缴纳的增值税就只有 14 万元了。如果只有 14 万元，A 网店当然还是能够交得起的。

上面是增值税的影响，还有一个重要的税种是企业所得税。我们来看看是什么情况。如果 A 网店没有提前做规范，那么，所有的进货都没有发票，发生的费用也没有发票。国家会认为什么？国家会认为交易流水 1000 万元中，除去要交的增值税 138 万元外，剩下的 862 万元全部是利润。在中国，一般的企业，企业所得税的税率都是 25%，862 万元的利润交 25% 的企业所得税，就是要交 215.5 万元的企业所得税。这样算下来，如果在 2019 年 1 月，A 网店没有做规范，交易流水是 1000 万元，则需要缴纳的

---

① 数据来源：https://www.dawen360.com/article/209562.htm.

增值税和所得税就有 138 万元加上 215.5 万元，一共是 353.5 万元。显然，A 网店是交不起这么多税的。

那如果已经提前做好规范，需要缴纳多少企业所得税呢？这里需要假设 1 月份 A 网店还发生了多少费用，这里假设是 50 万元，这里费用的进项税额忽略不计。则 1 月份，A 网店需要缴纳的企业所得税为 9 万元。怎么算的呢？流水 1000 万元，就是含税收入为 1000 万元，换算为不含税收入就是 862 万元，进货成本含税价 900 万元，换算为不含税成本为 776 万元，收入 862 万元减去成本 776 万元，再减去费用 50 万元，得到利润总额为 36 万元，按照 25% 的税率缴纳企业所得税，则需要缴纳的企业所得税为 9 万元。

没有对比，就没有伤害，同样是 1000 万元的交易流水，提前做好规范的，增值税和企业所得税一共要交 23 万元，而没有做好规范的，增值税和企业所得税需要缴纳 354 万元。可见，生死一念间，就看企业是否在 2019 年 1 月 1 日之前做好规范了。

很多老板觉得中国的税负太高了，其实，要看怎么比较。从前面的例子来看，一家网店，一个月 1000 万元的流水，如果规范运作的话，需要缴纳的增值税、企业所得税合计起来只有 23 万元，而其他的什么城建税、印花税等，就更少了。所以，纳税额占营业收入的比例都不超过 3%。从历史可以知道，中国古代大部分时间是二十税一，少部分时期，比如西汉的文景之治时期，税负特别低，是三十税一。所谓二十税一，就是 5% 的税负率，而三十税一，就是 3.3% 的税负率。从前面所举的例子来看，网店的税负率都不到 3%，可见税负率是非常低的。

估计在 2019 年最初的三个月内，大量的没有提前规范的网店会倒闭。当然，资金实力强的，可以自己先把税钱交了，或者提前做好规范的，把税负降下来的网店，才可能生存下来。

同样的道理，电商企业一层一层向上面的供应商要发票，而那些不能提供发票的供应商，就会被淘汰，因为没有人愿意与他们做生意了。如果没有做好规范，又不愿意放弃要发票的客户，那自己的税负会非常的高，很可能也撑不过去，不得不关门倒闭。

好了。到这里，大家都能大概知道电商法的影响了吧，不说不知道，一听吓一跳。作为企业老板，有两个选择，一个选择是提前做好规划，按照国家的要求规范，继续生存下去。当然，还有一个选择，很多行业确实纳税后就没有利润了，没法干，那趁早把企业关了，也是不错的选择。如果非要强撑到2019年，不但最终还是要关门，还很有可能要补缴社保，那就更得不偿失了。

我们长财咨询当时接了好多电商的咨询项目。这些客户都是淘宝平台的大卖家。淘宝平台也知道，电商法一旦实施，将会对这些卖家产生非常大的影响。为了能够保持住这些卖家，淘宝平台也是操碎了心，找到这些卖家的负责人谈话，要求这些卖家提前做好准备。那么，要做哪些准备呢？说起来也不是太复杂，就是要注册公司、开立对公账户、与供应商协商要求开具发票、员工重新签订合同等。在具体操作过程中，还是需要很多细节性的问题需要处理好的，不然后面会有很多隐患。所以这些卖家就找长财咨询做技术指导。

到这里，电商法的影响基本就讲完了。总结一下，就是销售端被强制交税了，那么，为了能够降低税负，让企业存活下来，就一定要提前做好规范。冬天来了，春天还会远吗？

另外，还要强调一下，电商法的影响，绝对不是仅仅针对电商卖家的。除了产品是完全出口的企业，其他的所有企业，你的产品价值一定会体现在最终消费品中。所以，电商法的影响，会像波浪一样，一层一层地传递过来。谁先做好准备，谁就能在竞争中占得先机。

最后，那些开零售门店的人，也不要偷着乐，以为电商征税了，价格上去了，你们的日子就一定会好过。国家政策已经明确，即使是个体户，商贸型，月销售额超过8万元的，都要建账，按照账面数据来报税。特别提醒，明年开始，税局不仅仅看开票额算税，还会看你的银行流水。

好了，今天的分享就到这里。想学习企业财税知识，就找最专业的长财咨询。再见。

再竞争上岗，狼性还是狼心？

近日，朋友圈被一则消息刷屏，某知名企业（以下简称 H 企业）辞退 7000 名员工，让员工再次竞争上岗。官方的说法是员工日子太过安逸，要让员工有危机感，重新找回狼性企业文化，只有这样，企业才能够变得更加强大，甚至企业宁愿赔偿十亿也要坚持实行这种模式。

事实真如官宣的这样值得网友纷纷点赞么？小编就此问题采访了长财咨询的管理咨询师孙从青老师，孙老师从个人所得税筹划、无固定期限劳动合同以及年功薪酬的利弊给出了不一样的解读。

从新闻内容来看，H 企业所谓的"赔偿十亿"，应该是因企业主动解除劳动合同而支付给员工的离职补偿金。关于离职补偿金的税收政策，主要有以下两个文件：

第一个文件是《财政部 国家税务总局关于个人与用人单位解除劳动关系取得的一次性补偿收入征免个人所得税问题的通知》（财税〔2001〕157号），在这个文件里面规定：

"个人因与用人单位解除劳动关系而取得的一次性补偿收入（包括用人单位发放的经济补偿金、生活补助费和其他补助费用），其收入在当地上年职工平均工资 3 倍数额以内的部分，免征个人所得税；超过的部分按照《国家税务总局关于个人因解除劳动合同取得经济补偿金征收个人所得税问题的通知》（国税发〔1999〕178 号）的有关规定，计算征收个人所得税。"

那么，国税发〔1999〕178 号这个文件又是怎么规定的呢？具体如下：

"对于个人因解除劳动合同而取得一次性经济补偿收入，应按'工资、薪金所得'项目计征个人所得税。

考虑到个人取得的一次性经济补偿收入数额较大，而且被解聘的人员可能在一段时间内没有固定收入，因此，对于个人取得的一次性经济补偿收入，可视为一次取得数月的工资、薪金收入，允许在一定期限内进行平均。具体平均办法为：以个人取得的一次性经济补偿收入，除以个人在本企业的工作年限数，以其商数作为个人的月工资、薪金收入，按照税法规定计算缴纳个人所得税。个人在本企业的工作年限数按实际工作年限数计算，超过 12 年的按 12 计算。"

举个例子来说明一下。

假设小明 2010 年研究生毕业，年龄为 27 岁，应聘到 H 企业。没白天没黑夜地工作，头发都熬白了。时间来到了 2018 年，小明 35 岁，刚好符合 H 企业再竞争上岗的条件。辞退补偿金按照"N+1"的模式发放，小明 2017 年全年的薪酬为 55 万元，月平均为 4.58 万元，工作年限为 8 年，则补偿 9 个月的工资，补偿金总额为 41.22 万元。假设小明所在地为深圳，该地 2017 年社会平均工资为 100,173 元，按照财税〔2001〕157 号文件，社会平均工资 3 倍以内的不用缴纳个人所得税，即 300,519 元（300,519 = 100,173×3）不需要缴纳个人所得税，超过标准的 111,681 元（111,681 = 412,200−300,519）需要缴纳个人所得税。

那超出的这部分要缴纳多少个人所得税呢？按照国税发〔1999〕178 号给出的方式进行计算，小明在 H 企业工作 8 年，则 111,681÷8 = 13,960.13 元按照规定的税率缴纳个人所得税，因为当月小明的正常工资扣税时，已经扣除了社保、公积金，因此不能再次扣除，小明领取离职补偿金应交个人所得税〔（13,960.13−3,500）×25%−1005〕×8 = 12,880 元。

那么，如果小明领取一笔同样多的钱，但不是以离职补偿金的形式领取，而是作为年终奖，则应该交多少个人所得税呢？

首先，年终奖就没有什么免税额了，全额都要交税。但是，国家对年终奖也有一定的税收优惠政策，具体计算如下：

〔（412,200÷12）×25%−1005〕×12 = 90,990 元

由此可见，员工领取同样大小的一笔钱，如果以离职补偿金的形式领取，就可以比年终奖的形式领取少交 90,990-12,880=78,110 元的个人所得税。

H 企业的一通"神操作"，如果 7000 名员工每人都可以少交 78,110 元的个人所得税，则一共就可以少交个人所得税 5.4677 亿元，你还觉得这是企业文化的问题么？

也许你会说，企业为员工考虑，做些纳税筹划，帮助员工合法地少交一点个人所得税，这很好呀！但是，如果从《劳动合同法》的角度来解读这件事，对员工就不是那么美妙了。

《劳动合同法》第十四条规定如下：

"第十四条　无固定期限劳动合同，是指用人单位与劳动者约定无确定终止时间的劳动合同。

用人单位与劳动者协商一致，可以订立无固定期限劳动合同。有下列情形之一，劳动者提出或者同意续订、订立劳动合同的，除劳动者提出订立固定期限劳动合同外，应当订立无固定期限劳动合同：

（一）劳动者在该用人单位连续工作满十年的；

（二）用人单位初次实行劳动合同制度或者国有企业改制重新订立劳动合同时，劳动者在该用人单位连续工作满十年且距法定退休年龄不足十年的；

（三）连续订立二次固定期限劳动合同，且劳动者没有本法第三十九条和第四十条第一项、第二项规定的情形，续订劳动合同的。

用人单位自用工之日起满一年不与劳动者订立书面劳动合同的，视为用人单位与劳动者已订立无固定期限劳动合同。"

大部分人 22 岁大学毕业，25 岁硕士研究生毕业，如果一毕业就到一家公司上班，一直没有换工作，到 35 岁的时候，基本都满足了签订无固定期限劳动合同的条件了。所以，用人单位为了避免与员工签订无固定期限劳动合同，就"高招"频出，而 H 企业的"再竞争上岗"就是常用的避免签订无固定期限劳动合同的手段。那么，为什么企业都会对无固定期限劳动合同畏之如虎呢？

《劳动合同法》给签订无固定期限劳动合同的员工规定了如下福利：

第一，《劳动合同法》第四十一条规定，用人单位发生裁减人员的，应当优先留用签订无固定期限劳动合同的员工。

第二，《劳动合同法》第八十二条规定，用人单位违反本法规定不与劳动者订立无固定期限劳动合同的，自应当订立无固定期限劳动合同之日起向劳动者每月支付二倍的工资。

第三，《劳动合同法》第八十七条规定，用人单位违反本法规定解除或者终止劳动合同的，应当依照本法第四十七条规定的经济补偿标准的二倍向劳动者支付赔偿金。

即对于签订了无固定期限劳动合同的员工，如果用人单位并未就解除合同达成一致，而一定要解除劳动合同的话，这就属于非法解除的情况，劳动者可以要求单位支付两倍的经济补偿金。

从媒体公开的资料来看，H企业实施"再竞争上岗"的一个原因就是"但劳动法规定，企业不能辞退十年以上工龄的员工，即使员工无作为"。可见，这是一个明目张胆地规避《劳动合同法》的操作，实实在在地是在"坑"企业的员工，剥夺员工法律赋予的福利。

从以上的分析可以看出，H企业"再竞争上岗"，实在就是避税"损"国家、违法"坑"员工。损了别人，是不是就利了自己呢？未必！套用网络流行语，就是"你咋不上天呢？"

H企业"再竞争上岗"对企业本身的影响，可以分为两部分：

第一，游走在法律的边缘，难免"湿鞋"，如果遇到较真的员工，发生劳动争议，赔偿不可避免。如果遇到较真的行政管理部门，罚款也不是不可能。

第二，"年功"薪酬并非一无是处。所谓年功，也叫工龄工资，就是按照员工入职时间长短给员工发的一部分工资，也有的人理解为"论资排辈"。

观察东边的邻居，日本，有几个特点是大家公认的，如老龄化、主流是终生雇佣制。日本的创新能力就差么？日本的效率就低么？客观公正地说，中国和日本在创新能力、管理效率方面相比，差距还很大。

建立一个简单的模型来解释"年功"的作用。

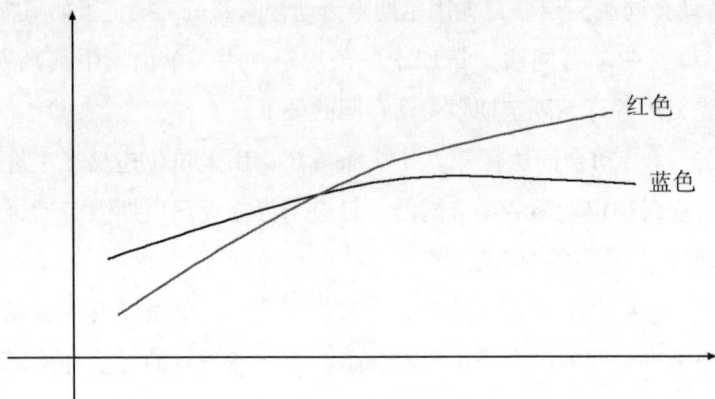

在这个坐标中，红色线条为员工的收入，蓝色线条为员工创造的价值（员工自我理解的价值），横坐标是员工的年龄（入职时间）。在员工入职初期，他的收入比较低，低于他为企业所创造的价值，那么，为什么员工还愿意干呢？因为，员工预期随着工龄的增加，很可能获得升职、加薪，收入也随之增加，到达一个平衡点之后，他所获得的收入会超过他给企业创造的价值。也就是前期的损失，可以通过后期的超额收入得到弥补。

如果像 H 企业这样搞"再竞争上岗"，会发生什么结果？会给员工一个非常不好的预期，员工会预期自己刚到平衡点，或者还没有到平衡点，就会被企业扫地出门，为企业奉献了青春，却收获了抛弃。在如此预期下，员工的工作积极性还会高么？

此外，21 世纪近 20 年来，日本在老龄化非常严重的情况下，每年都能获得诺贝尔奖，保持旺盛的创新能力和高效的管理能力，在一个侧面反映了工作时间较长、经验丰富的员工，也是企业非常难得的财富。效率不是靠加班熬夜、拼体力拼出来的，而是靠科学的管理得到的，经验丰富的员工，无疑会在此方面略胜一筹。

好了，我们常说"养不熟的白眼狼"，没良心的人是"狼心狗肺"，那么，"再竞争上岗"这种损国家、坑员工的自残行为，到底是"狼性"，还是"狼心"？相信读者自有判断。

十一

应收管不好，利润一场空

　　这个课程的主题是：应收管不好，利润一场空。首先，简单地介绍一下应收款的概念。大部分企业的业务流程都是采购、生产、销售、收款，然后进入下一个循环。如果企业把商品发给了客户，但是客户没有在发货的当月支付货款，那么企业就会形成应收款。应收款和收入是一对好基友，有应收款的时候必定会有收入。如果应收款管不好，收不回来，成了坏账，则收入就是虚的，进而由收入作为基础的利润也就是空的。所以我们的题目叫作：应收管不好，利润一场空。有时候，客户没有给钱，而是给了票据，就是银行承兑汇票或者商业承兑汇票，会计上称这些收到的票据为应收票据，应收票据本质上是和应收账款一样的，我们合称二者为应收款项。在管理上，对应收票据与应收账款的管理要求是相同的。

1. 现状及原因

　　要管好应收款，首先要知道应收款产生的原因。可能很多人不觉得这是个问题。这还不简单吗？不欠款就没有客户啊？事情没有这么简单，可以从两个层次分析应收款产生的原因。分别是战略层次和市场竞争层次。首先说战略竞争选择的第一个原因。企业在产业链的位置，对应收款有非常大的影响。直接面对终端消费者的企业，基本上都没有应收款，比如超市、加油站、餐馆、理发店、房地产等。像理发店、健身房，他们的市场

应收款存在的原因

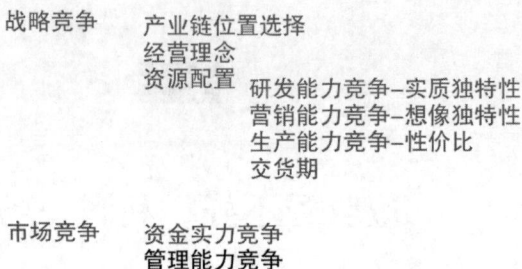

战略竞争	产业链位置选择
	经营理念
	资源配置　研发能力竞争–实质独特性
	营销能力竞争–想像独特性
	生产能力竞争–性价比
	交货期

市场竞争	资金实力竞争
	管理能力竞争

竞争不激烈吗？一样很激烈，但是他们肯定不会让消费者欠他们的钱，反而是各种花式动作让消费者办卡，让消费者先付钱，后消费。战略选择的第二个原因，是企业的经营理念。经营理念的选择会决定企业是否产生应收款。最典型的案例就是老干妈。老干妈就是卖辣椒酱的，应该不是什么高科技吧。创始人就是农村出来的老太太，她的经营理念就是"我不欠别人的钱，别人也不能欠我的钱"。可能有人会说，老干妈能做到不让客户欠钱，是因为人家有品牌。事实并非如此，老干妈还很小、没有品牌影响力的时候，就能够做到不让客户欠钱。这就是企业创始人的经营理念，与企业的实力对比没有关系。可能有的老板会说，我也不想放账期，但是不放账期，就卖不出去货，那企业不就更难了吗？我们来看看战略层次的第三个原因，企业资源的配置方向。企业把钱投向不同的业务环节，必定会产生不同的结果。比如，企业资源投入的第一个方向，是研发。在研发上投入足够的资源，就能够塑造产品实质上的独特性。我们的产品就是好，就是牛，世界独此一份，你爱买不买。欠钱，那是想也别想。就这态度，客户、消费者还得喊真香，还得跪求。有这样的企业吗？有，如苹果、戴森，老板们要好好学学，他们是如何精心打磨一件能够让消费者冲动到卖肾的产品的。一流的男人让女人冲动，二流的男人让女人感动，三流的男人让女人被动。企业、产品也是如此。

企业资源投入的第二个方向，是营销领域，在营销上的投入，主要是为了塑造产品想象上的独特性。所谓想象独特性，就是两种产品，可能真的有区别，但是，产品的区别，更多的是消费者想象出来的。比如，烟、酒、奢侈品、中药，大部分都是想象出来的差别。两千元一瓶的高端白酒，和五十元一瓶的白酒，能有多少区别？我不喝酒，没法给各位老板描述两种酒在口感上有什么区别。但是，我是注册会计师，我可以告诉各位老板，两千元的高端白酒，和五十元的白酒，在生产成本上没有多大区别。根据某高端白酒公告的财务报表，该品牌白酒的毛利率大概是94%，如果出厂价是1500元一瓶，那么，生产成本就是90元一瓶。这90元生产成本里面，还有包装、税费、人工、折旧等。这些包装、税费、人工、折旧成本，大概还能占到生产成本合计金额的80%比例，所以，装在瓶子里面的，让消费者喝进肚子里的，真正的产品，也就能值20元左右吧！所以，很多产品之间的差别，是厂家通过长期的营销活动，在消费者认知中塑造出来的。一旦厂家能够建立这样的品牌优势，那自然不愁没有客户。企业资源投入的第三个方向，是提升生产能力。这和第一种是有区别的。在研发上的投入，是维持产品的高质高价，而在生产能力上的投入，是为了强调产品的极致性价比。这个方面典型的案例就是小米。大家都比较熟悉，这里不做过多介绍。企业资源投入的第四个方向，是提升周转能力，快速更新，快速交货。这方面有两个企业做得非常好，一个是服装企业ZARA，另一个就是中国的京东快递。这也是大家都比较熟悉的企业，不再过多介绍。

　　如果一家企业在上面说的四个方面都没有足够的资源投入，没有能够建立自己的竞争优势，在产业链的位置也无法重新选择，更做不到像老干妈那样坚守原则，那就不得不正视应收款的存在。对此，老板们应该认识到，应收款也是企业的资源投入，就是把钱投资到客户身上。所以，允许客户做账期，事实上就是企业拿自己的资金实力和同行业企业在竞争。另外，应收款的管理也对企业管理提出更高的要求。

　　总结一下，不管是主动选择还是被动选择，只要企业选择了给客户提供信用，允许做账期，就意味着企业选择了用资金实力和管理能力与同行业企业开展竞争。如果说资金实力短期内很难改变，那么，企业最好的选择就是用几个月的时间，有效地提升自己的应收款管理能力，从而在竞争中取得优势地位，更能够提升企业应对危机的能力。

应收款存在的影响

优势：
➤扩大销售
➤减少库存

劣势：
➤降低资金使用效率
➤夸大企业经营成果
➤加速资金流出
➤增加管理成本

前面我们花了不少时间，介绍了应收款产生的原因，以及应收款的本质。那么，应收款的存在，对我们的企业有什么影响呢？一笔放账款的销售业务，在会计上会产生五个方面的影响：第一，应收款增加；第二，收入增加；第三，增值税的销项税额增加；第四，成本增加；第五，存货减少。应收款对企业的影响，可以分为正面、负面两个方面，也就是说，应收款有好的一面，也有不好的一面。先说好的一面，有两个好处：第一个好处，扩大销售。这也是绝大多数企业存在应收款的主要原因。客户就赤裸裸地跟你说，别人都给60天的账期，你给我90天的账期，我就买你的。不给客户放账期，产品就很难卖出去。老板们也不想放账期，这也是没有办法的事情。应收款的第二个好处是减少库存。企业将产品发给客户的同时，产生应收款，库存减少。企业就不用再操心这些存货了。减少了仓库的占用，减少管理成本，不用担心库存过时、过期、毁损等。因此，应收款的两个正面影响，分别是增加销售和减少库存。

应收款的负面影响，我在这里归纳为四个方面：第一，降低资金的使用效率。前面我已经讲过，应收款就是将钱投资给客户，是用资金实力与同行业企业竞争。把钱放在银行还有利息收入，投到客户身上却不会产生利息收入。因此，应收款占用资金越多，企业资金的使用效率就越差。第二个负面影响，夸大企业的经营成果。前面说过，企业会计在确认应收款的同时，还确认了收入，增加了收入，也就是会增加企业的利润。企业利润看起来很好，手上却没钱，虚胖。第三个负面影响，加速资金流出。这也是和上一个影响相关的。确认应收款，也就同时增加收入和增加增值税的销项税额。销项税额增加，也就是要缴纳的增值税要增加。客户可以欠你的钱不给，但是，企业不能欠国家的税不交。不管你有没有收到客户的钱，该交的税，一分不少地要交给国家。可能有机智的老板会这样想，我不确认收入，不就不用交增值税了吗？这是不可能的。首先，从国家的法律规定来说，企业把货发出去，就产生了纳税义务，就应该申报缴纳增值税。其次，从企业交易惯例来说，很多企业都是以收到增值税专用发票的时点作为账期开始时点的。而不是以收货作为账期开始时点的。所以，晚开发票晚交税，这条路是走不通的。

应收款的第四个负面影响，增加管理成本。刚才说正面影响的时候，说把货发给客户，减少了库存管理成本。打脸来得太快就像龙卷风。所谓有得有失，仓库的人是轻松了，但是，销售部门和财务部门的管理成本就增加了。应收款放出去，不是一放了之，而是需要很多后续管理动作的。后面我会详细地讲如何管理。但是，不管如何，应收款增加，必定会增加企业的管理成本。因此，应收款的四个负面影响：第一，降低资金使用效率；第二，扩大经营成果；第三，加速资金流出；第四，增加管理成本。

应收款管理不善的原因

➢ 行业惯例	➢ 企业惯性思维	➢ 应收款监控、分析不到位	➢ 欠缺完整的销售概念
➢ 客户信用有问题	➢ 盲目追求销售额	➢ 未制定回款目标	➢ 对客户付款能力判断失误
➢ 客户自有资金缺乏	➢ 信用制度不完善	➢ 对回款无奖励	➢ 没有制订收款计划
➢ 客户融资能力缺乏	➢ 主管监督不到位	➢ 对业务员培训不足	➢ 不敢对客户提要求
➢ 客户生存困难	➢ 产品品质有问题	➢ 业务员管理措施不到位	➢ 缺乏收账技巧
➢ 客户恶意诈骗	➢ 折扣政策不明确	➢ 部门配合不顺畅	➢ 与客户沟通不到位

对于大部分企业来说，应收款都是老问题了。可能也一直在管理。但是，效果差强人意。为什么应收款管不好。原因是多方面的。在这里，我列出了二十四个原因。大家可以对照一下，是不是自己的企业也有类似的情况。只有明确病因，才能对症下药，快速有效地提升企业应收款管理能力。应收款管理不善的二十四个原因，我分为四大类，PPT上的每一列原因，都可以归为一类。从左到右，我们一列一列地来看。第一列，企业环境的原因。也就是外部原因，客观原因。企业很难去改变的一些因素。第一，行业惯例。这也是让很多老板无奈的事情。整个行业、整个产业链的

企业都不遵守信用，随意拖欠货款，强势企业耍流氓，弱势企业有苦难言。第二，客户信用有问题。也就是拖欠货款并不是行业普遍现象，而是某一个、某些客户的个别现象。这主要是客户实际控制人，也就是客户老板的商业道德较差。或者说，人品有问题，喜欢耍赖，喜欢占小便宜，能拖就拖。尽管这样的老板就像过街老鼠，人人讨厌。但是，现阶段还有这类人生存的土壤，短期内也是无法杜绝的。第三个原因，客户自有资金缺乏。人人都知道，有多少钱办多大事，但并非人人都能做到这一点。特别是一些管理基础差的企业，缺乏有效的资金计划，一旦资金周转不开，就要拖欠供应商的货款。第四个原因，客户融资能力缺乏。这个和上一个原因基本一样，自己没钱，也借不到钱用于周转，只能拖欠货款。第五个原因，客户生存困难。因为行业衰退，或者经营管理不善，客户经营状况恶化，致使其不断地拖欠货款。第六个原因，客户恶意诈骗。这样的案例其实不少。先是靠小业务取得供应商的信任，后来不断增加欠款。实在玩不下去的时候跑路。

第一列来自企业外部的六个原因，尽管单个企业很难改变环境，但是，针对不同的原因，企业还是可以采用不同的应对策略。这里大概说一下，比如第二个原因，客户老板的人品有问题。遇到这种渣男渣女，能躲多远躲多远。但是，渣男一般又都是又帅又有钱，让你很难控制住自己的欲望。第三、第四个原因，客户发展很好，只不过因资金周转不灵导致的拖欠，可以给客户改善的机会，共渡难关。第五个原因，客户经营困难，并且是长期、难以逆转的趋势。就是当断则断，及时终止业务关系。不仅如此，如果这个客户所处行业是本企业产品的主要销售领域，就要引起足够的重视，是不是这个客户业务的衰落，预示着整个产业链已经走向没落，有没有升级换代的可能，还是要做好准备及时撤离。关于第六个原因，被骗。在国有企业，如果领导因为业务合同被骗，给国家造成损失的，这个领导是要承担刑事责任的，罪名叫作签订履行合同失职被骗罪，处三年以下有期徒刑或者拘役。致使国家利益遭受特别重大损失的，处三年以上七年以下有期徒刑。老板们说，被骗还怪我咯？我真是太难了。的确，即使在民营企业，被客户诈骗的，同样应该承担责任，不一定是坐牢，起码要赔偿经济损失。作为企业高级管理人员，就应该具备识别骗局的专业能力和职业审慎。

说完企业环境的原因，我们再来看看第二列，企业的原因。第二、第三、第四列都是企业的内部原因。但是层次不同。第二列是企业层次的原因，第三列是销售部门层次的原因，最后一列是销售员个人层次的原因。我们先看第二列，企业层次的原因。第一个原因，企业惯性思维。这不仅仅是老板的经营理念，而是从销售团队领导到基层销售员，都存在一种观念，不放账期，业务就没法做，不放账期，货就卖不出去。客户拖欠货款也没什么，早晚都会还钱的。企业没有制度，或者制度形同虚设，长此以往，就会纵容企业上上下下形成这样的思维惯性。第二个原因，盲目追求销售额。主要是企业制定的对销售人员的考核标准不合理。重销售轻回款，导致应收款越积越大，最后企业死在快速发展的路上。第三个原因，信用制度不完善。很多中小企业根本就没有客户信用管理制度，对客户信用管理随心所欲，不但把老板搞得特别的累，而且导致应收款失控，或者有一些零星的信用管理制度，但是不成体系，流程不合理，所谓的管理制度和没有一样。第四个原因，客户信用管理制度有，但是执行不到位，没有跟踪监督。第五个原因，产品品质有问题。往往是一批产品中有极少一部分存在品质问题，但就是买卖双方就这一小部分产品的退换赔等一直扯不清楚，进而影响整批货款的回收进度。第六个原因，折扣政策不明确。不少企业为了抢时间，买卖双方价格还没有谈好就发货。发货后再谈价格，谈来谈去，谈不妥就一直不支付货款。第二列的六个原因，也是体现在不同维度的。第一个原因，企业惯性思维，是属于企业文化层次的。第二、第三个原因，是属于企业制度层次的，第四个原因，是制度执行层次的，第五、第六个原因，就属于具体某笔业务层次了。不同层次的问题，对企业的影响不同，整改的难度也不同。越高层次的问题，影响越大，影响效果越持久，整改的难度也就越大。当然，反过来说，解决的问题层次越高，企业收效也就越明显。

第三列，销售部门的原因。第一个原因，应收款监控、分析不到位。没有对应收款的监控和分析，就不会意识到问题的存在，更谈不上去解决问题。因此，监控、分析就是人的眼睛、大脑。先看到问题，并意识到这是个问题，才会引起下一步的动作。

第二个原因，未制定回款目标。不知道方向在哪里，当然就不知道往哪里走。

第三个原因，对回款无奖励。奖优罚劣，是企业管理的最基本手段，给销售员定回款目标，是增加压力，同时，也要给销售员注入动力，前拉后推，效果更好。

第二、第三个原因，是销售团队的主观意愿问题。第四个原因，对销售员培训不足。销售员往往流动性较大，如果培训不足，很可能导致业务员缺乏收款技巧，销售员也是有心无力，收款效果就较差。第五个原因，销售员管理措施不到位，不少企业管理层，并没有学习过企业管理的基本常识，并不知道怎么管理，或者只会以罚代管，收效甚微。

第六个原因，各部门配合不顺畅。仓储物流、销售、财务部门信息共享机制不顺，信息传递不及时，也会影响收款的及时性。比如，有的企业，仓储发货了，但财务部门一直不知道，甚至都没有确认应收款，导致实际账期大于账面上反映出来的账期，多占用了企业的资金。销售部门的发货申请，没有经过财务部门的信用审核，导致超信用额度发货，甚至对客户信用毫无控制，明明已经拖欠货款了，还在不断地发货，等等。

第四列，销售员个人层次的原因。第一个原因，欠缺完整的销售概念。不少销售员，特别是新手，缺乏经验，又没有培训，没有建立起完整的销售循环概念。在发现商机、业务洽谈、成交、发货、回款、售后服务这一完整的销售流程中，只认识到发货之前业务流程的重要性，而没有认识到发货、回款、售后这些后续流程的重要性。没有完整的销售流程概念，销售员不可能做好收款工作。

第二个原因，对客户付款能力判断失误。给不该放款的客户放款，导致收款困难。

第三个原因，没有制订收款计划，也是缺乏工作计划能力的一个方面。

第四个原因，不敢对客户提要求，害怕失去客户。对客户的不合理行为一再容忍。

第五个原因，缺乏收账技巧，有的资料准备不充分，有的事先没有做好时间安排，有的找不到关键人，导致收款行为常常无功而返。

第六个原因，与客户沟通不到位。客户明明是敷衍，施行"拖"字诀，有的销售员却理解不了，很傻很天真地等客户付款，结果只能是让现实给好好地上了一课。

好，以上是对应收款管理不善原因的简单分析。分为四大类二十四个具体原因。大部分企业应收款管理不善，都是存在多方面原因的。我在后面提出的应收款管理措施，都是针对上面某一项或者几项原因提出来的。当然，应收款管理也是一个非常体系化的工作，只有多方面努力，才能取得理想的效果。

2. 管理目标

应收款管理目标

- 制定有效的信用政策
- 全额收回应收款
- 按期收回应收款

讲了那么多应收款管理不善的原因，那最好的选择是不要应收款吗？还真不是这样。正如我在前面分析的那样。应收款的产生，有坏的一面，也有好的一面。如果完全杜绝应收款的产生，那也就把应收款有利的一面也杜绝了。再说在现阶段，很多企业也是做不到完全杜绝应收款的。所以，我们来看一看，应收款的管理目标是什么。应收款管理有两个非常直观的目标：第一，全额收回应收款，就是所有放出去的应收款都能收回来，没有发生一笔坏账。第二，按时收回应收款，没有拖延。可能有的老板觉得，如果能实现这两个目标，就算应收款管理能力达到了最高段位了吧。事实并非如此，比如一个客户欠你 100 万货款没给，你跟他打官司，结果是把这 100 万要回来了。但是打官司花掉了 250 万。这样的情况下，尽管应收款是全额要回来了，但是企业却招致了更大的损失。有的老板说，我就是气不过，这 100 万就是他应该给我的，打官司花 250 万，是我愿意的。这样想就偏离了办企业的初心。

办企业的初衷就是为了获取利润，争取利润最大化。应收款管理作为企业财务管理的一个方面，其目标与企业整体的财务管理目标是一致的，那就是企业利润的最大化。这里的利润，既是短期利润，更是企业的长期利润。如果企业的应收款收不回来，形成坏账损失，那就会减少企业的利润。因此，如果企业放松客户信用管理，盲目扩大销售，虽然短期会增加企业的利润，但对企业长期利润目标来说有害无益。因此，应收款的管理目标，就是建立一套行之有效的信用管理政策，在应收款的正面影响和负面影响之间取得平衡，从而使企业的长期利润最大化。

应收款风险防控

➢ 赊销决策机制
➢ 客户管理信息系统
➢ 财务控制
➢ 建立纠错机制
➢ 可查阅的历史资料

事前
事中
事后
完整的管理体系

为了实现应收款的管理目标，需要做哪些工作呢？我们来看一下应收款风险防控的具体工作，我将之分为五个板块：第一，赊销决策机制；第二，客户管理信息系统；第三，财务控制；第四，建立纠错机制；第五，可查询的历史资料。

这五个板块，是覆盖业务流程事前、事中、事后的完整的管理体系，对于各个板块的具体内容与作用，后面还会有具体的解释。我在这里重点强调最后一个板块的作用，也就是可查阅的历史资料的作用。中国人口头上重视历史，比如唐太宗李世民的名言"以铜为镜，可以正衣冠；以史为镜，可以知兴衰；以人为镜，可以明得失"。但实际上，中国人大部分时间并不重视历史的积累。从秦朝到清朝，就像计算器最常发出的一个声音"归零、归零、归零"，两千多年，几乎没有什么进步。有的企业，也是如此，出于税务安全的考虑，恨不得当年的业务资料、财务资料都销毁。这种情况下，根本就没有留存历史资料，那就更谈不上从历史资料中发现规律指导未来了。没有历史的企业，别说不可能成为百年企业，就算侥幸活了一百年，你都没有证据证明自己真的是一家百年企业，建个企业历史档案馆都没有资料。在此，我建议每一家企业都要重视资料的留存、保管和利用。

3. 事前管理

一般赊销流程

步骤	销售部	财务部	仓储部	客户	总经理	文档	流程描述
1	业务洽谈					意向合同	
2	信用调查					信用报告	
3	草拟合同	信用核查				核查记录	
4		合同会签	合同会签		信用审批	会签流程单	
5					合同审批	合同	
6		信用归档					录入系统
7				发出订单		订单	
8	开销售单	信用控制	发货			销售单、送货单	
9		开票挂账		确认收货		发票	
10	确认收款			支付货款			
11		收款核销				收款单	

企业的赊销决策机制是体现在企业的业务流程和管理制度之中的。我们先来看看，大部分的企业的赊销流程应该是什么样子的步骤。PPT展示的是一张典型的泳道式业务流程图。纵向表示业务的步骤，横向表示各部门或者各岗位。在流程图中，简单列出了流程使用的工具、表单以及操作。当然，在企业的实际运用中，流程图还应该配套一个详细的、文字描

述的流程说明，以及各种工具、表单的样式。

我们在这里看一下与赊销决策有关的业务流程：第一步，业务洽谈，销售部门与客户达成初步的意向。第二步，销售部门或者信用控制部门对客户进行信用调查。信用调查工作一定是在草拟合同条款之前的。因为客户不同的信用状况，会决定企业与客户不同的交易方式。比如，有实力、有信誉的客户，允许账期交易。初次交易的客户、小企业客户，不给客户提供信用额度等。此后，还应该有一个独立的部门对客户的信用资料进行核查，验证其真实性、完整性。因为销售部门天然有放松信用控制的冲动，即使销售部门收集到拟交易客户的信用资料是真实的，也可能只收集有利于销售的资料，忽视不利于促进销售的资料。独立信用部门验证、补充收集各项资料，其中包括有利的信息，也会有不利的信息。如何平衡、决策，就需要企业更高一级的管理人员来执行了。当然，在企业具体实际操作中，可能会赋予不同层级的管理人员不同的权限。如销售经理可以审批 20 万元以下的合同，销售总监可以审批 50 万元以下的合同，总经理可以审批 100 万元以下的合同，超过 100 万的赊销合同，都需要由董事会集体决策。在设置审批权限的时候，不但要看单笔业务合同的金额，还要看累计发生金额。如刚才说的，销售总监可以审批 50 万元以下的销售合同。如果此前这个销售总监已经批了一笔 40 万元的赊销合同，应收款还没有收回。现在又有一笔 20 万元的赊销合同，那这名销售总监就无权再批这 20 万元的合同了，因为此前没有收回的 40 万，加上待审的 20 万，一共 60 万，已经超过他的审批权限。合同审批签字生效后，信用管理部门需要把相关的资料整理归档。有计算机管理系统的企业，把资料保存到系统里面，作为后续进行信用控制、信用管理的依据。

合同进入执行阶段，销售部门开出销售单后，并不是直接传递到仓储部门发货，而是应该经过信用控制部门的检查，是否满足发货的条件。这里的信用检查，可以是人工的，也可以是系统自动的检查。但这一步骤一定是不可少的。根据我的经验，很多中小企业销售部门都是强势部门，只要销售部门开销售单就能发货。是没有其他部门检查能不能发货的。更有甚者，我亲身经历的一个咨询客户发生的案例。销售人员用 EXCEL 模仿系统单据的样式打印销售单，交给仓库发货，从而规避系统内置的信用检查控制。我个人建议，如果发生这样的情况，毫不犹豫地开除当事员工，对其领导也应该有处罚措施。而且，应该对仓储部门强调、明确工作流程，非 ERP 内的销售单，是绝对不能发货的。如果违规发货，要以盗窃论处。

发货之后，就进入收款阶段。财务部门或者独立的开票部门应当及时将销售发票开出来，连同其他资料传递给客户。在月度对账的时候，确信客户已经收到发票并已经挂账。收到客户支付的货款之后，财务部门核销应收款。销售流程就基本结束了。但是，信息管理部门要根据客户履行合同的情况，及时维护客户信用资料。一直付款准时、金额准确的客户，信用评级上升，可能会给予更大的信用额度，作为鼓励。而对于不太守信用的客户，则可能降低信用评级，直至停止赊销交易。

这张图就是企业的一般赊销业务流程。在信用管理上，有五个关键步骤，分别是信用调查、信用核查、信用审批、信用控制和信用归档。上面说的信用评级，也是信用归档的一部分工作内容。五个步骤，涉及赊销部门、财务部门、管理层等几个不同的部门或者岗位，形成相互依赖、相互牵制的工作关系。

制度

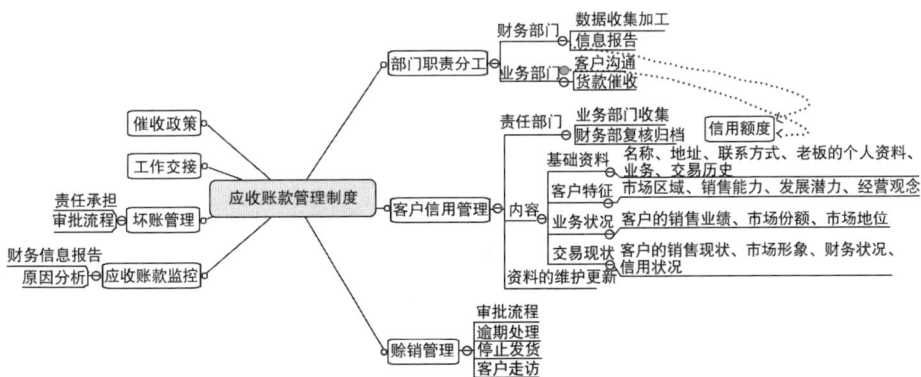

前面说过，企业的赊销决策机制，是体现在企业业务流程和管理制度之中的。说完流程，我们再来看一看，一般情况下，应收款管理制度应该

包括哪些内容。PPT 中用思维导图，对应收款管理制度的主要内容做出了归纳。从 PPT 中可以看到，应收款管理制度分为七个板块，分别是部门职责分工、客户信用管理、赊销管理、应收款监控、坏账管理、工作交接、催收政策。在这七个板块中，内容最多的是客户信用管理板块，包括责任部门、具体管理内容以及系统的维护更新。PPT 中的这个 WORD 文件，就是应收款管理制度的范本。有兴趣的老板，可以加入我的 QQ 群537756263，在群文件里下载这个文件。其实，这个模板文件并非那么重要，重要的是要知道如何使用一份企业管理制度文件。我在后面的内容中，还会详细地讲述如何将应收款管理制度落实到位。更高一个层次的要求，如果你是一家企业的董事长、总经理，那一定要具备自己起草、制定企业制度文件的能力。我在这里简单地介绍一下制度文件的基本逻辑。事实上，任何一份制度文件，都存在两个维度，只要把这两个维度把握住，就至少能制定出一份及格的制度文件。

第一个维度是流程。任何管理活动，都可以归纳为七个步骤，分别是计划、复核、授权、执行、记录、保管、考核。这是一个闭环。做任何事情，都是从计划开始，做好计划后，需要复核，对计划查漏补缺，使计划更加完善。完成计划后，下一步骤是对计划进行审批授权，从而开始执行计划。在执行过程中，需要对相关信息进行记录，资料、实物妥善保管。计划执行完毕，并不代表事情就结束了，还要考核。就是对前面的六个步骤进行总结反思，积累成功经验，汲取失败教训，对过程中的各岗位进行奖优罚劣。如此循环，才能一次比一次做得更好，企业管理工作越来越完善。

第二个维度，是七个要素，也叫 5W2H，可以用七个英文单词来表示，分别是 who, what, when, where, why, how, how much。中文的意思分别是 who, 谁, 对谁, 谁的; what, 什么; when, 什么时间; where, 哪里; why, 为什么; how, 如何做; how much, 多少时间、多少钱、多少人力; 等等。

所以，企业内的任何管理制度，都可以用这两个维度分析，或者说，从这两个维度出发，可以制订出至少达到及格水平的企业管理制度。两个维度，两个七。第一个维度，计划、复核、授权、执行、记录、保管、考核，第二个维度，5W2H。大家一定要记住，并将之应用于实践。

客户管理信息系统

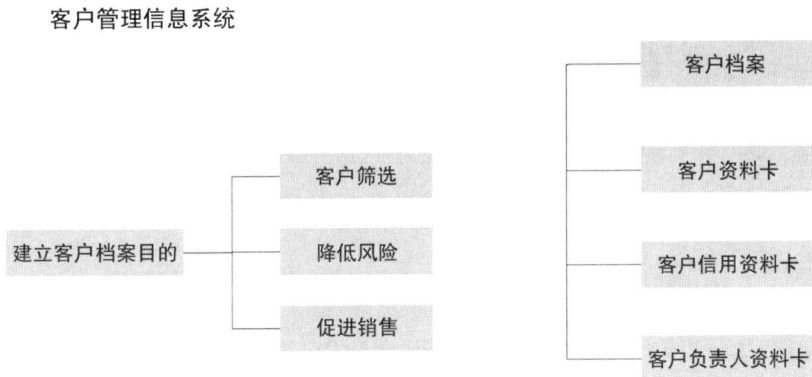

下面我们来看看客户管理系统。很多人有一个误解，一提到系统，就认为是要花钱买软件、买服务器。事实并非如此。我们讲的企业管理系统，指的是企业内的人、工作职责、工作流程、工作工具等一系列要素组合在一起的一套体系。使用购买的 CRM 软件可以形成系统，如果是在 50 年前，根本就没有计算机，企业一样可以有管理系统。计算机的作用是将信息收集、处理、利用的工作效率提高。但计算机软件，也仅仅是工具而已，而非企业管理系统的全部。因此，我们回到客户信息管理系统，任何一家企业，都可以建立客户信息管理系统，没有 CRM 软件，用手工表单也是可以的。从现在开始去做，比去等待各种条件投入更为重要。

首先，我们来看看建立客户档案的目的。可以归结为三点：第一，客户筛选，也就是挑客户。哪些企业能成为客户，哪些企业不能成为客户，要有标准。一个人不可能获得所有人的喜欢，一家企业也不可能吃下所有的市场份额，需要在整块蛋糕上切下来最适合自己的那一块。我在很多咨询项目中看到，2/8 法则在企业销售领域表现得非常明显，大量的小客户，订单小，价格低，给企业增加了大量的管理成本，却贡献不了利润。甚至于很多不正规的小客户，给的订单都是不含税价的。也就是说，他不要发票，销售方也要把价格中的销项税额减掉。企业如果舍不得这样的客户，会带来很多麻烦。第一个问题，偷税漏税。第二个问题，两套账，导致企业整个财务核算混乱。第三个问题，坏账率很高，无法维权。因为销售方自己没有开发票，没交税。所以即使买方不付款，销售方害怕被举报偷税，不敢通过司法途径追回货款。

建立客户档案的第二个目的，降低风险。通过客户筛选，已经排除掉一部分潜在客户。即使是留下了的客户，也依然是存在风险的。特别是赊销情况下，坏账风险始终存在。通过建立客户档案，给每一个客户建立信用评级，确定信用额度。这样，每一个客户可能产生的坏账金额就会都在企业控制的额度之内，万一客户欠款不还，完备的证据资料，也能大大提高企业在诉讼中的成功率。

建立客户档案的第三个目的，促进销售。如果说第二个目的是防小人，那么，第三个目的就是抱大腿。对于优质客户，要提升服务质量，挖掘消费潜力，增加黏性，保证安全性。比如在客户档案中记录客户老板、负责人的生日，送点惊喜。在中小企业，一个核心销售员跳槽，带走一批客户的现象并不罕见。如果企业建立客户档案，所有的客户资料都保存在企业的资料库，那么，客户资料被销售员带走的可能性将大大降低。

客户资料卡

客户编号		客户名称	
地址			
负责人		联系电话	
注册资金		税号	
开户行		账号	
单位性质	□有限公司□上市公司□私营□个体□其他		

客户信用资料卡

注册资金		信用等级	
授信额度		信用期限	
结账日		付款条件	

客户负责人资料卡

姓名		性别	
年龄	电话		
性格特征			
兴趣爱好			
专业背景			
教育学历			

我们再来看看客户档案具体包括哪些内容。第一，客户资料卡；第二，客户信用资料卡；第三，客户负责人资料卡。第一、第二项资料，都是客户企业的资料。第一项资料的内容基本是不变的，维护的工作量较小。第二项资料内容，是随着与这个客户交易情况的变化而变化的，维护的工作量比较大。第三项资料，是客户负责人的个人资料，这里的负责人，不一定就是老板，也有可能就是对采购有决策权的人。也不一定是一个人，也可以是好几个对客户采购行为有重要影响的人。第三项资料，因为是个人资料，所以保密要求更高。三项资料各有不同的特点，因此可以设置不同的权限，开放给不同的员工。

这一张PPT，是刚才说的三项资料的基本格式，供大家参考。当然，大家也可以在我的这个格式基础上，做一些自己个性化的修改。至于资料是保存在软件系统里，电子文件还是纸质的，并不是实质性的问题。第一项资料，客户资料卡。名称、地址、负责人、电话、账号等这些资料，基本上都是可以从公开渠道获取的信息。给客户开发票，寄送文件，都会用到这些信息。这个资料应该指定一个部门维护，其他部门共享。不能是销售部门保存一份，财务部门保存一份，两个部门的信息还不同步更新，造成很多麻烦，增加管理成本。

第二项资料，客户信用资料卡。这是针对赊销客户的专门的资料。这里面的四项内容，都要定期根据这个客户的交易情况进行维护。比如，严格执行信用管理的企业，可能客户出现一次拖欠货款行为，其授信额度就会归零。如果客户一直准时支付货款，则可以提高其信用额度。信用期限是根据销售合同确定的，一般有30天、60天、90天、120天，等等。授信额度是和信用期限密切相关的，假如A客户每月的交易额都是50万元，信用期限是60天，则授信额度应该是100万元。某一个月，这个客户交易额达到80万元，授信额度还是100万元的话，他下个月不到60天就应该还款了，否则发两次货，没收回货款，总的欠款金额就会超过授信额度。

结账日也是双方在销售合同约定好的，一般不会经常变动。

付款条件，也叫现金折扣。如果客户提前付款，可以给客户一定的价格折扣。比如约定是60天付款，如果10天内付款，可以给客户2%的价格折扣，以此鼓励客户提前付款。

第三项资料，客户负责人资料卡。这里面大部分是主观性的资料。因为可能涉及个人隐私，所以特别需要保密。不同的人对同一个人可能有不同的看法，或者说，同一个人在不同的人面前会展示出不同的一面。比如都是 A 企业的老板张三，B 企业老板李四所了解的张三，和 B 企业销售员王五所了解的张三，肯定有非常大的差别。所以，客户负责人的资料，应当汇集不同的人收集的信息，力求全面、立体地反映这个人的特征。当然，这也会导致这项资料内容的主观性很强，在利用这些资料的时候要注意辨别。

客户资料收集

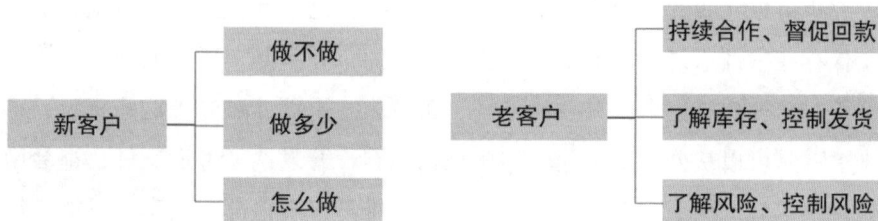

```
                    ┌─ 做不做                        ┌─ 持续合作、督促回款
         新客户 ────┼─ 做多少           老客户 ─────┼─ 了解库存、控制发货
                    └─ 怎么做                        └─ 了解风险、控制风险
```

刚才说过，客户资料是需要维护的。也就是说，收集客户资料，不是一劳永逸的，而是持续不断的过程。收集新客户的资料与收集老客户资料的目的不同。相应的收集资料的侧重点也会不同。收集新客户资料的第一个目的，决定是否与这个客户做交易，也就是前面说过的客户筛选，信用记录不佳的客户不能做，有偷税漏税的人不能做，订单太小的不值得做，等等。第二个目的，如果决定可以与这个客户交易，那要考虑做多少，就是刚才所说的，确定给这个客户多少授信额度。第三个目的，怎么做，再进一步收集信息，确定具体的交易条款，如确定付款期限、结算日、运费承担等细节。

收集老客户的资料，也可以大概归纳为三个目的。第一，持续合作，督促回款。主要是收集客户反馈，提升客户满意度，发现扩大交易额、增加交易品类的机会，提醒客户按时付款。

第二，了解库存，控制发货。这是广义的供应链管理概念。不但要关心自己的库存，也要关心自己客户的库存，客户卖出去，卖给了终端消费者，才是真正地实现销售。很多企业为了应对考核要求，喜欢向下游客户压库存，这并不是好的方法。把库存压给下游经销商，经销商卖不出去，他也没钱支付货款，反而可能形成坏账，或者经销商要求换货，增加了物流成本。所以，最好的合作方式，是下游客户能够开放库存数据给上游供应商。供应商根据设定好的补货策略供应，不多发货，也不少发货，不早发货，也不晚发货，一切都是刚好满足客户的要求。

收集老客户资料的第三个目的，发现客户风险征兆，及时控制风险。下面我还会具体介绍哪些现象是风险征兆。一旦出现风险征兆，就要及时上报，由管理层提出应对策略。如停止发货、催收货款、启动司法程序，等等。

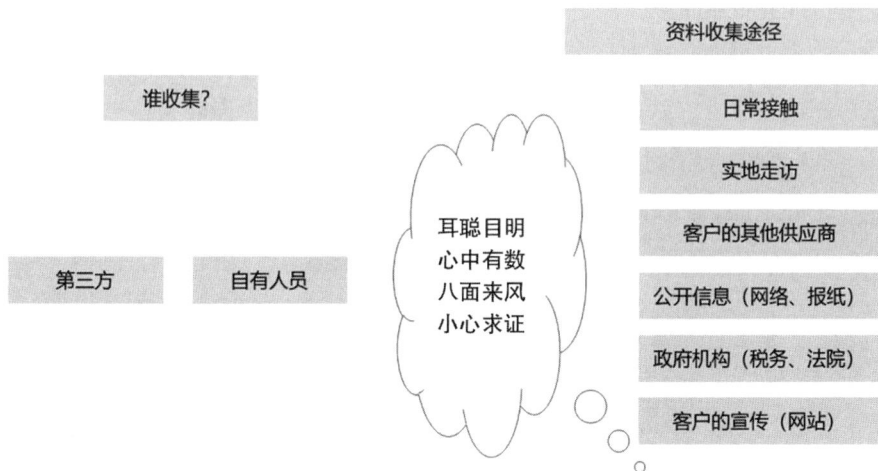

谁收集？		资料收集途径
		日常接触
	耳聪目明	实地走访
	心中有数	客户的其他供应商
	八面来风	公开信息（网络、报纸）
第三方　自有人员	小心求证	政府机构（税务、法院）
		客户的宣传（网站）

知道收集客户资料的具体内容、目的以及必要性之后，就要进入实际操作阶段。明确两个问题：第一，由谁来收集资料；第二，有哪些收集资料的途径。由谁来收集客户资料呢？主要是企业自己的人员去收集，某些工作可以外包给专业的调查机构。企业内部的人员很广泛，如销售员、销售负责人、信用调查人员、财务人员、企业老板等，都是资料收集人员，需要在企业的制度文件中规定每个岗位的具体职责以及工作方式。第三方专业机构，如信用调查评级机构、律师、私家侦探等。要注意不能使用违法的手段去收集客户的资料。

不用偷拍、窃听之类的违法手段，其实也是有很多途径可以收集到想要的客户资料的。PPT 中列出了六个途径。大部分都是很容易理解的。这里解释一下第三个途径。客户的其他供应商，比如 B 企业给 A 企业供货，C 企业也给 A 企业供货，B 企业、C 企业都是 A 企业的供应商，B 和 C 的销售人员是可以共享一些关于 A 企业的信息的。当然，这里面需要注意的是，同为 A 企业的供应商，B 和 C 既可能是同行竞争关系，也可能是互补关系。如果是竞争关系，则 B 从 C 获取的信息，不一定是真实的，甚至还会有误导的信息。因此，从这个途径获取的信息，还需要其他来源的验证。如果 B 和 C 是互补的，则相互交流的信息的可靠性就会高一些。但这一点不绝对。特别是如果 A 资金紧张，B 想要货款，C 也想要货款。如果 B 知道 A 有钱到账，那他肯定不会告诉 C 的，因为谁先获取这个信息，谁就更可能先要到货款。

所以，虽然这里列出不少获取信息的途径，但是，除了政府渠道的信息可靠性较高外，其他途径获取的信息，都需要进一步去证实。

我归纳收集信息的十六字原则，就是耳聪目明、心中有数、八面来风、小心求证。

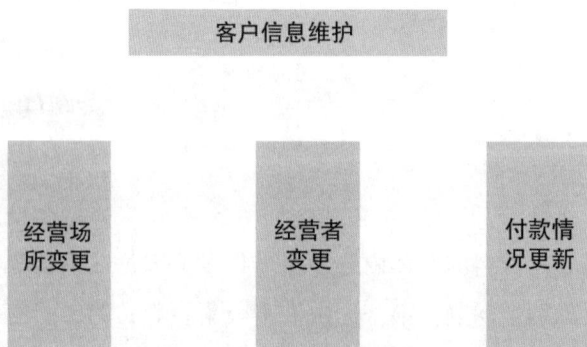

客户信息维护

| 经营场所变更 | 经营者变更 | 付款情况更新 |

收集到客户资料，并验证确认后，下一步的工作就是利用收集到的资料。最终目标就是根据客户信息，确定与客户的交易方式。这里介绍几个常用的工具，如客户信用评价工具，根据企业负责人个人品质、合作历史、财务指标、所处位置等几个要素，对客户进行打分，再根据综合得分不同，确定对该客户的授信政策，进而依据交易额或者合同金额确定授信额度。

使用客户信用评价工具的好处是可以尽量排除主观因素对客户授信额

度的影响。很多企业出现巨额坏账的原因，就是完全依赖老板的个人主观判断去确定授信额度。有了规范化的授信额度确定机制，就可以把这个权限下放，在实际操作中，还要确定这个权限放到哪一个层级、如何打分等这些细节问题。

客户信用评价工具

评分标准	描述	分值	评分标准	描述	分值
业主个人品质	好	10	毛利率	15%以上	10
	中	5		7%—15%	7
	差	1		3%—7%	4
与公司合作年限	>5年	10		低于3%	1
	3—5年	7	速动比率	>1.5	10
	1—3年	4		1.1—1.5	8
	1年内	1		0.9—1.1	6
净资产	1000万以上	10		0.7—0.9	4
	500万—1000万	8		0.5—0.7	2
	200万—500万	6		<0.5	1
	50万—200万	3	客户国籍	发达国家	10
	50万以下	1		中等发达国家（西班牙，意大利，葡萄牙等）	7
上年度销售额-看行业	>5000万	10		墨西哥，南美，亚洲相对发展较好国家	4
	1000万—5000万	7		欠发达国家，菲律宾，越南，非洲国家等	1
	100万—1000万	4	抵押	有	10
	100万以下	1		无	1

等级	得分	授信政策
A	90—100	100%
B	80—90	80%
C	70—80	60%
D	60—70	40%
E	50—60	20%
F	50以下	0

项目	行次	数据	数据来源
年销售额	A	1200	销售意向合同、上年采购额
信用期	B	90	行业平均水平，竞争对手
授信政策	C	60%	评级表
信用额度	D＝A/360*B*C	180	

这张PPT是一个客户信用评分表，根据评分，对客户进行分类，不同等级的客户，可以采用不同的交易方式。给大家做个参考。不再详细介

绍。如果想要这两张表，都是加入我的 QQ 群 537756263，在群文件中可以下载。金窝银窝不如自家草窝。管理工具也是如此，不管从哪里获取的管理工具，都要先看看本企业是否适用，如何做一些个性化的修改，然后再将其用于实践。

客户信用评分表

内容	评分	权重	加权得分
与客户的日常接触情况		0.1	A
通过对客户的实地走访		0.2	B
通过与同行业或者相关行业的了解	0.2	C	
通过公共信息渠道了解	0.1	D	
通过行政部门的了解	0.3	E	
通过宣传资料的了解	0.1	F	
信用得分 = A×0.1+ B×0.2+C×0.2+D×0.1……			
信用等级			

客户分类

类别	特征	策略
A	规模较大、历史往来记录较好；盈利能力、短期偿债能力较好	可赊销
B	资产、财务状况一般，有资产可抵押	可赊销
C	信誉差、财务状况差，无抵押	现结、银行票据结算

客户经营效益评分表

内容	产品	品牌	价格	年销售额	口碑	其他
评分						
权重	0.1	0.2	0.2	0.2	0.1	

完成上面的流程，就进入与客户的正常交易阶段。这个阶段要定期、不定期地维护上面提到的各项资料。这里简单地列出三个需要维护的信息作为范例。实际上，任何事情都不是一劳永逸的，任何资料都需要维护。这里维护的意思就是更新，保证客户资料的准确性。在企业的制度中，应当将客户信息维护工作指定给具体的岗位，并明确要维护的具体内容、时间要求、质量要求等。有些资料是不定期更新的，如 PPT 中列出的经营场所、负责人变更，有些资料正常是定期更新，遇到突发情况是不定期更新，如付款情况。

应收款决策的核心

➢ 收益

➢ 成本　➢ 机会成本
　　　　➢ 坏账成本
　　　　➢ 管理成本

应收款决策的要素

➢ 账期
➢ 信用额度
➢ 现金折扣（比率、期限）

一家企业的应收款政策在执行一段时间之后，需要对执行效果进行评估。如果有必要的话，就调整应收款政策。那么，如何评估应收款政策，如何调整应收款政策呢？我们先来看看应收款决策的核心是什么。应收款决策，就是计算每一种政策下的收益和成本。收益减去成本，就是净收益。净收益最大的那种政策，就是最优的选择。在前面，我们说过，应收款的正面影响是扩大销售，减少库存。扩大销售可以给企业增加毛利，减少库存则可以减少企业的资金占用。应收款带来的成本包括三个方面：第一，机会成本，应收款本身是对资金的占用；第二，坏账成本，这是预估的成本；第三，管理成本。应收款会增加对账、催收的工作量，还要成立专门的信用管理部门，增加业务流程的复杂性，这些都是会增加企业管理成本的。如果一家企业想数量化地进行应收款决策，则需要从历史资料中找到决策所需的基础数据。因此，应收款决策需要企业具备完善的财务核算基础。否则，所谓的应收款决策，就是拍脑袋决策。

我们再来看看应收款的决策要素。就像用烤箱烤面包一样，你只有根据原材料的类型、大小、水分等条件，设置烤箱的温度、加热时间、加热方式等参数，才能得到你想要的结果。因此，应收款决策成功与否，一方面取决于你对企业现状评估是否准确，另一方面取决于你设置的参数是否合理。应收款决策三个参数，分别是账期、信用额度和付款条件。付款条件也就是现金折扣，由比率和期限两个要素构成。

我们先来看看缩短账期对企业的收益和成本有什么影响。缩短账期的直接后果就是销售额会减少，可能有的客户会停止交易。在保持交易的情况下，信用额度不变，账期缩短，客户只能减少交易金额。因此，缩短账

分析思路

```
                     边际          减少
                     贡献          利润
                     减少    ───►
               销售  ┌──►
         缩短   额减
         账期   少
          ───►  ┘
                     应收          占用          减少          增加
                     款减    ───►  资金    ───►  机会    ───►  利润
                     少            减少          成本
```

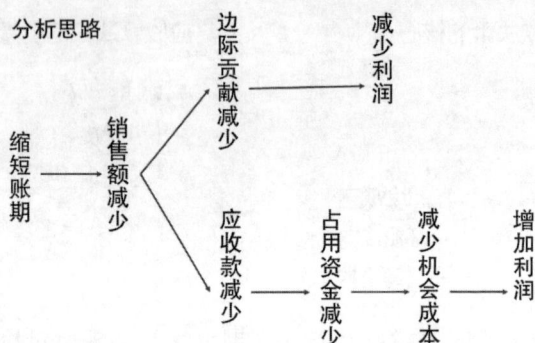

期对所有赊销客户都有影响。销售额减少，会带来两个方面的影响，不利
的一个方面是边际贡献减少，进而减少企业的利润。有利的一方面是应收
款占用资金减少，减少机会成本，也就是增加企业的利润。比较哪一个方
面的影响更大。如果负面影响大于正面影响，则缩短账期方案不可行，否
则，就是方案可行。

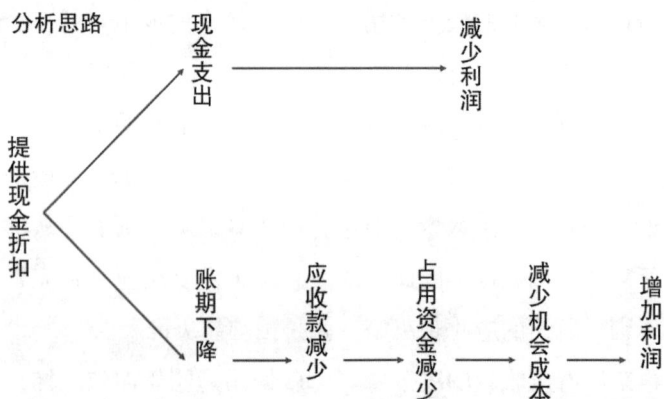

分析思路

```
                 现金                              减少
                 支出                              利润
                  ┌────────────────────────►
          提供
          现金
          折扣
          ┌──►
          └──►
                 账期          应收          占用          减少          增加
                 下降    ───►  款减    ───►  资金    ───►  机会    ───►  利润
                              少            减少          成本
```

提供现金折扣的分析思路与刚才缩短账期的分析思路一样。也是正
面、负面两方面的影响。负面影响就是增加现金支出，减少企业的利润。
有利的方面是吸引客户在折扣期内付款，平均账期缩短，减少应收款占用
的资金，也就是减少机会成本，增加利润。最后比较哪个影响更大。如果
减少的利润大于增加的利润，则说明提供现金折扣的方案不可行。否则，
增加利润大于减少利润，方案可行。

收账程序

➤ 明确各部门（销售、生产、财务、采购等）在收款工作中的权力、义务

> ➤ 建立应收款对接流程

> ➤ 建立详尽的分级管理政策

> ➤ 编制、保管规范的函件、报表等资料

> ➤ 建立应收款管理信息系统

> ➤ 确定其他可以借助的力量

企业管理不存在佛系管理。所有的人、所有的岗位都应当像一环扣一环的齿轮一样，密切相连，一个环节推动另一个环节，运转不息。应收款管理也是如此，应收款一旦产生，并不是消极地等待客户支付货款，直至确定客户恶意拖欠货款启动司法程序。在应收款产生的那一天，到启动司法程序之日，还有很多具体的工作要做。我们来看一下具体要做哪些工作。这张 PPT 列出来七项，其中前三项属于企业的制度建设工作。第一项工作，明确各部门、各岗位在应收款管理工作中的权利义务。这些内容在我们前面提到的应收款管理制度中应当有所体现，而且要体现在相关岗位的工作职责文件里面。第二项工作，建立应收款对接流程。缺乏流程化工作习惯是我所遇到的中小企业几乎 100% 都存在的问题。每一个岗位应该给流程的下一岗位提供何种成果、时间要求、质量要求等，都应该有工作指导手册来明确，并定期评估流程运转是否存在问题，能否优化。第三项工作内容，建立详尽的分级管理政策。这是在风险可控的基础上，将权限下放，提升企业决策效率。

第四项工作，编制、保管规范的函件、报表等资料。这是企业的日常性工作，是上述三项中所说的制度、流程的具体执行过程。管理工作的体现形式，就是流程工具、表单、报表的产生、流转和保管。

第五项工作，建立应收款管理信息系统，这是将上面第四项的处理流程和成果转移到计算机信息系统里面，提升信息处理的效率和准确性。

第四项、第五项是有顺序的。对于企业管理来说，必须先有流程，再用信息系统固化流程，而不是先买一套信息系统，然后强推所有员工去适应这套系统。后者的实施方式，失败的概率在 70% 以上。其实，这和一个人要剑一样。先要练剑法，基础打得牢，剑法练得好，那不管拿到手里的

是木剑、倚天剑还是玄铁重剑，都会是一个高手。而如果是一个不会剑法的人，走运得到一把绝世神兵，拿起大宝剑就耍，结果肯定不是成为耍剑高手，最大的可能是伤到自己。

现在很多中小企业上线管理信息系统，就像一个走路都不稳的小孩，拿着利剑在耍，结果也只能是呵呵了。

最后一项工作，确定其他可以借助的力量。这个在前面的内容中也提到过。应收款事前管理环节，可以借助征信机构对潜在客户进行信用调查，也可以购买出口信用保险。应收款产生后，如果企业着急用钱，则可以和保理机构合作，将应收款提前变现。如果客户拖欠货款，可以委托专门的催款机构帮助催款。进入司法程序后，需要委托律师帮助打官司。因此，不管事前、事中还是事后，现在都有相应的专业服务机构。不过，使用这些专业服务机构，企业也要承担相应的费用。这些费用也是应该作为应收款管理成本的一部分，纳入应收款决策考虑因素范围的。

4. 事中管理

应收款日常管理内容

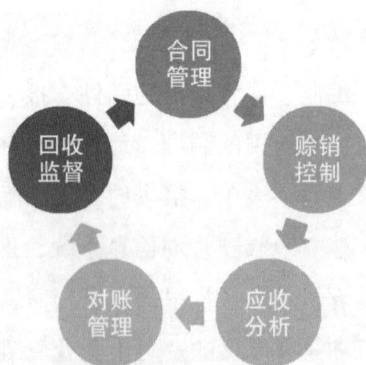

我们再重点了解一下刚才的第四项工作内容，也就是应收款的日常管理。应收款日常管理，也可以进一步细分为合同管理、赊销控制、应收分析、对账管理、回收监督等五个步骤。每个步骤还有具体的工作内容。每一项工作内容也会用到一些具体的管理工具。管理过程，就是管理工具的应用过程。

应收款管理工具

- 销售合同
- 账龄分析表
- 应收款周转率
- 坏账比率
- 逾期应收款比率
- 赊销比率
- 第三方信息（启信宝等）
- 企业独立信用部门的调查资料
- 保理

我们来看看有哪些应收款管理工具。这里列出来九项工具。当然，这只是我想到的一些工具，这个清单既不是完整的，分类上也不是完全互斥的。只是给大家一个概念，就是我们经常说管理，管理，那到底什么叫管理，如何管理？其实，管理就是我们使用管理工具的过程，并通过管理工具的使用，达到我们设定的目标。比如，一家企业设定一个目标，应收款涉讼案件胜诉率达到90%以上。那怎么实现这个目标呢？那就看要想获得胜诉，需要做什么。需要有充分的有利的证据、强有力的律师团队、主场之利等，证据，那就进一步细化为销售合同、发票、送货单、对账单、催收函、律师函等，对这些管理工具的具体要求。

因此，给大家展示这张PPT的目的，是以此作为提示，请每一家企业用头脑风暴的方式，详细列示出自己在应收款管理中可能用到的管理工具。这些管理工具并不是抽象的概念，而可能是有明确格式的表单、文件，有明确取数来源和计算方式的指标，或者一个APP，一家靠谱的专业机构，一个像头脑风暴这样的工作方式，等等。能够使用的管理工具，要在多样性和有效性之间平衡。也不是越多越好，还要自己会用，成本合理，效果好，才是企业可以作为重点使用的管理工具。

首先来看看管理工具中的合同。不少企业有专职的法务岗位负责审查合同，或者外聘律师顾问审查合同。但是，法务和法律顾问审查合同，并

销售合同

签约前必须注意的几点事项
(1) 审查对方的真实身份和履约能力
(2) 最好本企业起草并执行统一的合同文本
(3) 审查合同公章和签约人的身份
(4) 审查合同条款内容

不能替代其他岗位对合同的审查职能。不同的岗位审查合同，有不同的侧重点和不同的作用。因此，企业中的销售部门、采购部门、财务部门、管理层等不同岗位的员工，都应该了解合同的一些基本常识。

我们先来看看签约前必须注意的几点事项。第一，审查对方的真实身份和履约能力。在前面已经说过客户调查，需要调查哪些信息，既要看对方企业的基本情况，也要看签约人的情况。一般来说，合同是需要盖公章、需要法定代表人签字的。如果不是法定代表人本人签字，则需要有相应的授权证明文件。

第二，最好本企业起草并执行统一的合同文本。现在大部分企业已经认识到这一点的重要性，已经有了自己企业的格式合同。格式合同最大的好处是提高合同审查的效率。

第三，审查合同条款内容。这和第二点是相辅相成的。如果是本企业的格式合同，则审查条款的过程就很快。如果使用对方的格式合同，则就要仔细审查每一个条款。有的人有误解，认为反正是对方提供的格式合同，就算看得再仔细，也不能改合同条款，那审查合同还有什么意义呢？这里需要明确两点：第一，即使是对方提供固定格式合同，也不代表就不能修改合同条款，这个是可以谈的。就算改不了条款，还可能增加补充条款。第二，仔细审查合同条款，就是风险评估的过程。如果不能修改合同条款，风险就不可控，那就应该拒绝交易。

这是一份完整的合同必须具备的条款，一共九项。大家在审查合同的时候，需要对照这份清单，看看合同的条款是否完整。

第一项，当事人的名称，住所。必须和身份证或者营业执照的信息核对一致，企业名称不能写简称。

一份完整的合同必须具备的条款

(1) 当事人的名称、住所

(2) 合同标的

(3) 质量数量

(4) 价款（单价总价、价格调整方式、税款负担）

(5) 履行期限、地点、方式

(6) 违约责任

(7) 争议解决方式

(8) 保密、文件送达方式

(9) 合同附件（图纸、技术资料、营业执照、授权书）

第二项，合同标的。就是买卖的货物。写清楚品名、规格型号、生产厂家等这些信息。如果是服务型合同，则要有具体的服务内容。

第三项，质量标准和数量。质量一般有国标、省标、企标等。当然，也会有模糊的质量标准。如"满足甲方使用要求"这样的标准，或者"与样品品质一致"这样的质量标准。这种质量标准，对销售方就不太有利。在标明数量的同时，要写清楚包装规格和计量单位。

第四项，价款。这里面也会比较复杂。是重点审查内容。特别是前两年，增值税税率几次调整，导致很多企业在税率负担上产生争议。如果合同写清楚增值税的处理方法，就可以避免这样的麻烦。

第五项，履行期限、地点、方式。这项内容对企业的经营效率有非常大的影响。比如，一张订单，是否允许分批送货，对收货方的效率就有很大的影响。一张订单一次送货，处理就很快。而允许多次送货的话，处理起来就很麻烦。

第六项，违约责任。一般是约定违约金。注意，违约金一般以弥补损失为限，如果约定很高的惩罚性的违约金，往往是得不到法院支持的。

第七项，争议解决方式。基本上是协商、调解、仲裁、诉讼四种方式。仲裁、诉讼各有优缺点，后面会有详细的分析。

第八项，保密义务，文件送达方式。这里面需要注意，双方在洽谈阶段，可能已经接触到需要保密的内容。因此，有必要的话，可以先签一个保密合同。即使双方最终没有签订合同，也是应当遵守保密义务的。

很多企业的合同里面都没有约定文件送达方式。这项内容，没有出事的时候，好像一点都不重要，一旦进入司法程序，就会非常的重要，因此，大家对此应予以重视。

最后，给大家强调一个观念。合同存在的价值，就在于有人撕毁合同。如果买卖双方都老老实实地履行合同，其实合同就没有起到什么作用。只有当一方违约，进入仲裁或者诉讼程序的时候，才是合同真正起作用的时候。因此，各位老板一定要清楚，合同是写给法官看的，给法官看的，给法官看的。重要的事情说三遍。既然是给法官看的，那当然不能写阴阳合同或偷税漏税之类的具有违法内容的合同。并且，合同要尽量简单，让法官容易看得懂。

签约过程中注意事项

(1) 违约责任明确。避免"协商解决""按国家有关规定执行"等模糊处理。

(2) 合同中数量、金额、日期等数字，阿拉伯数字后加汉字大写。

(3) 涉外合同，明确结算币种、引用汇率。

(4) 约定争议管辖权。

(5) 明确合同签订地。（合同诈骗，在合同签订地的公安机关具有管辖权。如果向法院提起诉讼，法院受理后就成为普通的经济纠纷）

(6) 签字、盖章。（合同每页都要签字，盖骑缝章）（检查授权书真实性，是否在有效期内，提货单签字样本）

下面再来看一下，签约过程中需要注意的几个事项。第一个注意事项，违约责任要明确。正如刚才所说的，违约责任一般约定违约金。不要写模糊处理的条款。合同上的每一个字都很重要，没用的字不要写。

第二个注意事项，数量、金额、日期这些数字，阿拉伯数字后加汉字大写，防止被篡改。

第三个注意事项，和老外做生意，使用外汇的话，要写清楚结算币种，美元、欧元、英镑、日元等。另外，外币和人民币换算用的汇率如何确定，也要写清楚。

第四个注意事项，约定争议管辖权。在前面我说过，合同写出来，就是准备给法官看的。但是，给哪里的法官看，结果可能会有所不同。合同签订地、合同履行地、被告所在地等，几个地方的法官都有权管辖。当事人双方也可以在合同中约定具体的管辖权法院。

一般来说，选择主场打官司，胜率较高。另外，主场打官司，也节省差旅费。

第五个注意事项，签字、盖章。这一点很多人都不太注意。只在合同最后一页盖个公章，签字都没有。一定要注意，不管合同多厚，每一页都要签字，盖骑缝章，还要检查授权书的有效性。

这里面讲的六个注意事项，都是一些小的细节，做起来并没有难度，关键是在日常工作中形成习惯，落实到位。

常见结算工具

➢ 电汇

➢ 支票（不要远期支票）

➢ 汇票（只要银行汇票，不要商业汇票）

➢ 现金（微信、支付宝）（谨防收款人员舞弊）

下面我大概介绍一下常用的结算工具。最常用的就是网银汇款。大额的网银汇款，并不是完全自动化的，银行后台都有人工审核，因此到账时间没有想象的那么快，如果是很急的汇款，要注意预留时间。

第二个结算工具，支票。现在使用的比较少。注意，支票都是支票打印机打印的，现在没有手工填的。日期是大写汉字，不能是远期支票。印鉴清晰。拿到支票后要及时到银行入账，入账后才算真正收到钱。

第三个结算工具，汇票。分别是银行承兑汇票和商业承兑汇票。商业承兑汇票信用很差，能不要就不要。银行承兑汇票中，小的村镇银行、农商行、城商行承兑的，安全性也不是很好。所以尽量只接受四大国有银行的承兑汇票。

收到银行承兑汇票，最好是背书转给供应商。到期兑现的话，相当于还是占用企业的资金，降低了资金的使用效率。

最后一种结算工具，现金。现在使用现金的场合基本没有了。除非是黑社会的非法交易还在使用现金。需要提醒大家的是，我们每次使用银行卡存取现金，银行系统都是将银行卡号码和钞票号码建立关联的。也就是说，如果张三用自己的银行卡从 ATM 机器里取出钞票，张三把钞票交给李四，李四再把钞票用自己的银行卡存入 ATM 机。这个钞票流转过程，从银行的后台系统是可以很清楚地看到的。

现在微信、支付宝支付非常常见。微信、支付宝以及其他网络支付平台，都已经纳入网联结算系统。因此，用微信、支付宝转账，和用网银转账是一样的。

应收款周转状况分析表

2019 年度 月	销售 收入	平均日 销售额	平均 应收款	赊销 净额	应收款 平均余额	应收款 周转天数	应收款 周转率
1							
2							

下面再来看看我们在做应收款管理过程中常用的报表。第一张表是应收款周转状况分析表。这张表是月度报表，每个月更新一次，全年的数据放在同一张表上，可以看到各个指标在各月的变化情况。如果企业的季节性波动很明显，那么报表数据可以与上年同期数据比较。如 2019 年 2 月与 2018 年 2 月、2017 年 2 月的数据比较。

第一个指标，销售收入。这个和利润表的销售收入数据是一样的，直接引用利润表的数据就可以了。

第二个指标，平均日销售额。平均日销售额等于当月总的销售额除以当月的工作日天数。每个月的工作日天数不同，因此这个数据的计算公式要每个月手工调整，不能用公式一拉到底。特别是像 2 月份这样有长假期的月份，工作日少，一般销售额也少很多。

第三个指标，平均应收款。从应收款明细账中统计当月应收款的借方发生额。然后用当月应收款借方发生额除以当月工作日天数，就可以得到平均应收款指标。有的企业在做账的时候，不分现销赊销，都通过应收款科目核算，那么这个指标就不容易计算。

第四个指标，赊销净额。这个指标等于当月销售收入减去当月现销金额。

第五个指标，应收款平均余额。这个指标有两种算法。简略的算法是用月初的应收款余额加上月底的应收款余额除以 2。精确的算法是当月每天的应收款余额合计数除以当月天数。这个可以从应收款明细账中取数计算。如果企业的应收款余额比较平稳，就可以用简略算法，如果应收款余额波动较大，则建议用精确算法。

第六个指标，应收款周转天数。一般财务管理的书上计算应收款周转天数公式是 360 除以应收款周转率。这样的算法比较简略。适合给上市公司计算指标的时候用，因为我们拿不到上市公司的详细数据。如果是自己的企业计算应收款周转天数，则应该用应收款平均余额除以平均日赊销净额。也就是说应收款周转天数这个指标是通过前面的两个指标算出来的。

最后一个指标，应收款周转率，也叫应收款周转次数。一般的计算公式是赊销金额除以应收款平均余额。这个指标表示一年内应收款周转几次，一般来说是用年度报表的数据来计算的。那我们怎么计算这个指标的月度数据呢？利用周转率和周转天数之间的关系来计算周转率。应收款周转率等于 360 除以周转天数，也就是全年的赊销金额除以应收款平均余额。如果直接用当月赊销净额乘以 12 换算为全年赊销净额的话，对大部分有季节性波动的企业来说非常的不合理。因此，我们可以用当年累计赊销净额除以应收款平均余额来计算应收款周转率，这个指标只能与上年同期数据比较，不能在本年各月之间比较。

应收款重点客户分析表　　　　　　　　　　　　　报告日期：2019 年 1 月 31 日

序号	客户名称	金额	账龄分析					
			占比%	当期	超期 30 天	超期 60 天	超期 90 天	超期 120 天及以上
1	中达	1,036,116	10.8%	200,000			410,000	426,116
2	华富	1,008,068	10.5%		1,008,068			
3	成章	972,775	10.1%	100,000				872,775
4	英威	807,421	8.4%	200,000	10,045	597,376		
5	恒伟	735,000	7.6%			2,319	329,143	403,538

续表

序号	客户名称	金额	账龄分析					
			占比%	当期	超期30天	超期60天	超期90天	超期120天及以上
6	凯信	609,362	6.3%	120,000	482,941			6,421
7	环宇	519,169	5.4%	109,456		94,240		315,473
8	嘉华	500,782	5.2%	98,323			303,072	99,387
9	红石	477,021	5.0%	54,130			224,071	198,820
10	假日	383,345	4.0%	67,073			125,832	190,440
其他	共××家客户	2,581,598	26.8%	1,000,239	496,325	502,345	95,323	487,366
		9,630,656		1,949,221	1,997,379	1,196,280	1,487,441	3,000,335
				20.2%	20.7%	12.4%	15.4%	31.2%

第二张表，应收款重点客户分析表。前面说过，2/8法则，在大部分企业的销售领域表现非常明显。前10名客户所占销售额，往往占到全部销售额的50%~90%。因此，对重点客户的应收款分析非常重要。这张表一般详细列示前10名客户，最后一行是其他客户的合计数。如果其他客户合计数所占比例较大，比如在50%以上，则可以详细列示更多的客户。原则就是列示出来的客户，要具有代表性，能够反映应收款的整体情况。

第一列，序号。第二列，客户名称。第三列，每家客户的应收款余额。第四列，占比。后面是各段账龄的具体分布。

这张表的作用是让管理层明确催账的重点。如第一名中达超期120天及以上的金额有42万元，第三名成章，超期120天及以上的金额为87万元，这都是需要进一步分析，并采取行动的重点客户。

应收款明细表

年		凭证字号	摘要	增加（借方）金额	减少（贷方）金额	结存金额	方向
月	日						

应收款账龄分析表

客户		账面余额	未到期	已过期					原因	责任人
				1~30 天	31~60 天	61~90 天	91~180 天	180 天以上		
A 公司	金额									
	比重									
B 公司	金额									
	比重									

这两张表是应收款重点客户分析表的细化。应收款明细表，就是应收款明细账。一般不用特别做这张表，直接到财务软件里面就可以查询到这张表。在这里列示的目的，是让非财务部门的员工了解一下财务部门是怎么记录应收款的。从账里面，可以获取哪些自己所需的信息。

第二张表，应收款账龄分析表。大部分财务软件是可以直接出账龄分析表的，因此，这张表也不用专门去准备。

这两张表都是很细化的表，如果企业的客户很分散，则可能会用到这两张表，大部分时候是作为备查表，不用直接报送给管理层。

对账分析表   截至××月××日

客户名称	余额	客户对账单金额	差异	差异分析
中达	10,000.00	10,000.00	0.00	na
华富	387,954.00	369,800.00	18,154.00	1) 人民币 18,104 发票在途 2) 人民币 150 待查
英威	401,358.00	398,358.00	3,000.00	1) 人民币 3,000 银行在途
合计	799,312.00	778,158.00	21,154.00	

编制人：   审核人：

日期：   日期：

对账分析表。大部分企业都有在做对账工作，但是，做的过程比较随意，比如在微信里面发个截图。对账结果也没有分析，没有做记录。常年积累，再加上人员变更，导致账面上很多烂账无法确认，也没有及时处理，最终导致财务报表的数据失真。

这张表的目的是让对账过程、结果受到控制。有人执行对账，还要有人监督复核，结果有记录。如此管理，出现陈年烂账的可能性就会小很多。

对账单样式

客户名称：华富		截至××月××日	币种：人民币	销售：××××
发票号	参考号	开票日期	金额	备注
201201009	201201001	20××/1/18	1,218.00	
Y0145667	201202010	20××/2/20	201,238.58	
102-41788x	201203012	20××/3/1	-10,368.21	红字票
……				
合计			387,954.00	

对账单样式，供大家参考。一般而言，对账都是以发票作为核对单位的。如果买卖双方管理都比较规范，一张订单，对应一张送货单、一张入库单、一张发票、一张付款单。全流程下来都是一一对应，对账的时候就非常方便快捷。

而如果一张订单多次送货，有几张送货单和入库单。多个订单凑一张发票，一张发票分几次付款，或者几张发票一次付款。这样不停地一对多、多对一的业务流程，就会导致买卖双方效率都很低，而且非常容易出错。就像一夫一妻，家庭稳固。插入小三、小四，必将家庭不宁一样。希望每一个企业都能够逐步规范，做到我所说的一一对应。

客户风险征兆

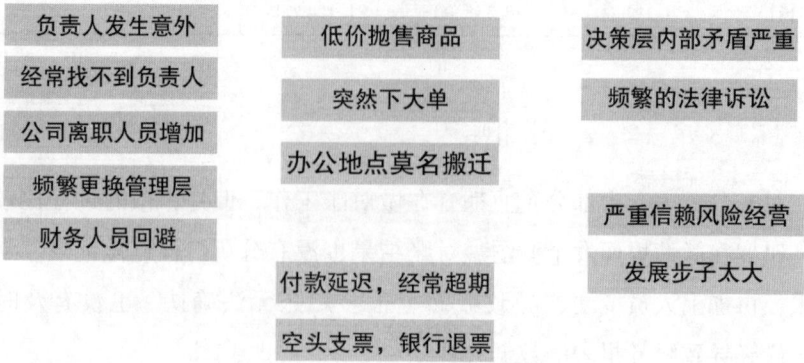

负责人发生意外

经常找不到负责人

公司离职人员增加

频繁更换管理层

财务人员回避

低价抛售商品

突然下大单

办公地点莫名搬迁

付款延迟，经常超期

空头支票，银行退票

决策层内部矛盾严重

频繁的法律诉讼

严重信赖风险经营

发展步子太大

应收款的日常管理，除了刚才说的对账、报表分析等工作之外，销售部门、信用管理部门还要时刻关注客户的资信变化情况，以便企业及时采取措施，防止发生坏账损失，或者可以尽量减少坏账损失。

这张PPT中罗列了一些常见的客户风险征兆。当然，这里都是提示性的，既不完整，也不一定准确无误。各企业可以根据自己的经验，增加这张清单。对于发现的风险征兆，抱着宁信其有、不信其无的心态，收集相关证据，确认客户是否真的存在信用危机。以便采取进一步的风险控制措施，如停止发货、催款、启动司法程序等。

对PPT中列出的风险征兆，可以大概地做一个分类。

第一类是人员方面的，如负责人发生意外，经常找不到负责人，频繁更换管理层，企业离职人员增加，财务人员回避等。

第二类，经营异常，如办公地点莫名搬迁，低价抛售商品，突然下大单等。

第三类，客户经营风险，如发展步子太快，容易现金流断裂，严重依赖风险经营，如炒期货、炒房产等，风险经营，赚钱快，死得也快。

第四类，结算异常，包括开空头支票，超期支付等。

第五类，矛盾凸显，包括频繁诉讼，大小股东之间爆发矛盾等。

风险征兆很多，关键是要相关人员保持足够的警觉，否则，即使风险很明显，也会视而不见。

监控形式：应收款分析例会

频率：每周一次

时长：1小时

参会人员：销售、生产、采购、计划、财务、管理层

主持人：信用部门经理

报表：

1. 账龄分析表
2. 对账控制表
3. 应收指标表
4. 异常情况报告

议程：

1. 总体账龄分析
2. 回款期分析
3. 重点客户回款情况
4. 对账情况
5. 呆坏账、客户异常
6. 改进项目与责任人

注意：

1. 管理层必须参加
2. 坚持

前面讲的这些报表、指标，以及发现的客户风险征兆，应该怎么利用呢？两个字，开会。也就是应收款分析例会。一般来说，这个会议需要每周开一次，如果企业规模较小，应收款不多，也可以每月开一次会。参加会议的人包括销售部门、生产部门、采购部门、计划部门、财务部门等部门的负责人以及企业负责人。会议的主持人为信用部门负责人。如果企业没有信用管理部门，也可以由财务部门负责人担任会议主持人。除了主持人之外，还要设置专门的会议记录员。

会议议程主要有六项。前五项都是情况通报，最后一项是根据实际情况，确定行动方案。任务安排到具体的人员，明确完成任务的时间，形成会议备忘，下一次会议的第一项议程就是汇报工作进展情况。

这张 PPT 列示了应收款分析例会需要用到的报表，包括异常情况报告的样式，供大家参考。

这个会议没有什么难度。两个注意点：第一，企业负责人必须参加。领导不重视，其他员工就不会真的重视。第二，这个会议要坚持不懈地开下去。报表中的指标，一次两次看不出什么来，只有经过两年、三年长时间的对比，才能发现规律。

到这里，我们就把应收款管理的事前管理、事中管理讲完了。总体而言，并没有什么难度。核心点有两个：第一，定下原则就要坚守。比如，客户拖欠货款就要停止发货。很多企业都是在犹豫不决中，应收款越欠越大，最后导致自己的资金链断裂，或者落入骗子的圈套。第二，琐碎、细致的工作做到位，长期坚持，自然会收到好的效果。

5. 事后管理

下面我们进入应收款的事后管理环节。首先来看看收款的四项基本原则：快、清、法、准。

快，就是要及时清收。天下武功，唯快不破。在英文中，有一个词叫作 bank run risk，翻译成中文叫挤兑。银行出现风险的时候，就看谁跑得

收款四项基本原则

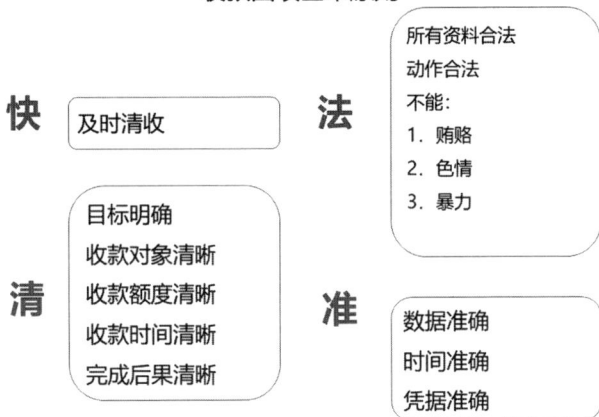

快	及时清收	法	所有资料合法 动作合法 不能: 1. 贿赂 2. 色情 3. 暴力
清	目标明确 收款对象清晰 收款额度清晰 收款时间清晰 完成后果清晰	准	数据准确 时间准确 凭据准确

快，先跑到银行的人，就能把自己存在银行的钱取出来。跑得慢的人，跑到银行的时候，银行已经关门大吉了。

在应收款催收中，也是"快"字当先。大部分企业出现危机，也不是一下子就到了破产的境地，总会有一个发展的过程。一开始都是拆东墙补西墙。越先发现危机、先启动催款程序的供应商，能够收回货款的可能性就越大。

第二项基本原则，清。具体分为目标明确，收款对象清晰，收款额度清晰，收款时间清晰，完成后果清晰。这个原则是给收款人员安排工作任务时的基本要求。找谁要钱，要回多少钱，什么时候必须完成任务，完成任务有什么奖励，完不成任务有什么处罚等，这些问题都要清晰，并形成书面的备忘。

第三项基本原则，法。也就是整个收款过程都要合法。收集资料的手段要合法，收款的动作要合法。不能使用贿赂、色情、暴力手段催收货款。催收货款毕竟只是正常的经济行为，如果为了达到自己合法合理的目标而触犯刑法，那完全就是得不偿失，捡了芝麻丢了西瓜。

第四项基本原则，准。收款使用的各项资料、数据必须再三核对，确保准确无误。时间准确，按照既定的计划执行收款方案，和客户约好时间，半分钟也不能迟到。特别是应收款有诉讼时效，一旦超过诉讼时效，打官司也就失去了胜诉权。凭据准确，收款工作用到的合同、发票、送货单、对账单等凭据准备完整，索引清晰，各项证据拿出来都让人无话可说，找不到任何推脱的理由。

> **应收款催收进程**
> ➢ 到期前，电话提示付款
> ➢ 逾期 10 天，发第一份催收函
> ➢ 逾期 20 天，发第二份催收函，停止发货
> ➢ 逾期 30 天，发第三份催收函，现场交付
> ➢ 逾期 40 天，发律师函，委托第三方对客户还款能力进行调查
> ➢ 逾期 50 天，委托第三方收账机构收账
> ➢ 逾期 60 天，诉讼或者仲裁

把握基本原则之后，我们来看看应按照什么进程来催收应收款。我在这里列示了七步催收进程。进程基本就是这样，各企业可以根据自己的具体情况，调整每一步进程之间的时间间隔。

第一步，在付款到期日之前，电话提示付款。这个时候语气是要非常客气的。现在还有很多企业没有做资金计划的习惯。提前打电话提示付款，可以让对方做好付款计划，及时付款。

第二步，逾期 10 天，发第一份催收函。后面会给大家展示催收函的样式，催收函都是书面形式的，通过电子邮件、信件、传真等方式发送。不建议使用微信的方式发送。在催收过程中的任何动作、文件资料、对话等，都要留存下来，都有可能成为将来在法庭上出现的证据。微信的信息过一段时间就很可能找不到了。除非及时到公正机关办理公证手续。发完催收函之后，还要打电话给对方，确认对方收到了这份催收函。

第三步，逾期 20 天，发第二份催收函，停止发货。这个点很关键。一定要坚持住原则，停止发货，及时控制住风险。

第四步，发第三份催收函，现场交付。现场交付的意思就是要求收款人员到对方的企业里面去催款，而不仅仅是电话催款。

第五步，发律师函，委托第三方机构对客户还款能力进行调查。在这个阶段，一方面，在律师的指导下准备起诉用的文件资料；另一方面，调查对方有什么可执行的财产，尽可能进行诉前保全，防止出现打赢官司也

收不回钱的情况。

第六步，委托第三方机构收款。这是可选步骤，费用比较高，无风险收款委托的费用大概在货款总额的30%以上。

最后一步，启动诉讼或者仲裁程序。

应收款催收工具

➢ 发票

➢ 信件（挂号信）

➢ 电子邮件（要公证）

➢ 电话（录音）（疲劳轰炸）

➢ 传真

➢ 上门、堵门

➢ 司法程序

➢ 专业讨债公司

企业在应收款催收过程中有哪些可用的工具呢？这里列出来一些。包括文件资料、方法、可以借助的力量等。每一种方式都有其特定的效果，当然费用也各不相同。企业还是要根据自己的实际情况选用适合自己的方式。比如金额小、欠款人数量多的应收款，可能就不适合启用司法程序。打官司费时费力，判决容易执行难，并不是性价比最高的收款方式。

收款人员在收款过程中一定要有证据意识。首先自己的言行要合法合规，不能给对方留下不利于己方的证据。其次，双方沟通的所有记录都要保留，各项文件资料的原件要妥善保管，沟通过程中使用文件资料的副本或者影印件。

电话催款注意事项

（1）做好事前准备	（5）做到谈吐清晰
（2）体现专业素养	（6）积极回应客户
（3）明确电话目的	（7）真诚对待客户
（4）保持高度的注意力	（8）保持好的印象

成功者找方法，失败者找借口，催收有方，钱就很好收，反之亦然。电话催款成败的关键，同样在于你的想法、态度、技巧、意志，如果你愿意花点心思，学会其中的窍门，上亿的账款都可以很轻松地收回来。

电话催款技巧。有8个基本原则。第一，做好事前准备。对方提到的任何数据，要张口即来，不能说等一下，让我找资料看一下之类的。

第二，体现专业素养。普通话标准，表达清晰，不能一边吃东西一边打电话。

第三，明确电话目的，要时刻把握主题，不能被对方带偏了方向。有的人打电话，聊了半天聊得很开心，电话一放，都想不起来为什么要打这个电话。

第四，保持高度的注意力。及时回答对方的问题，表达自己的要求。

第五，做到谈吐清晰。一方面要口音清楚，不要说别人听不懂的方言；另一方面，是要说话的意思清楚，不能绕来绕去，颠三倒四，说了半天，别人都不知道你在说什么。会表达的核心不是话多，而是说话能说到点子上。可以在打电话之前，在纸上列出来一个准备沟通内容的提纲和关键数据。

第六，积极回应客户。对客户的问题有问必答，即使是自己不知道或者不在自己权限范围内的问题，也要给客户提供便捷、有效的解决途径，并跟踪解决结果。

第七，真诚对待客户。第八，保持好的印象。这些都是维护客户关系的基本要求。该催的款要催，业务也还要继续。大部分情况下客户拖欠货款，都是暂时资金周转困难。这时候，站在对方的立场想问题，帮助客户解决困难，才是最好的催款方法。

电话催收最重要的还在于耐心，只要你有良好的心情、不错的沟通能力和耐心的坚持，就没有收不回的账。

电话催款时间的选择。这里主要提醒大家，在打电话之前，先考虑一下这个时间点，是不是适合打这个电话。比如，你明知道对方这个时间都是在开早会，你还打电话过去，有什么意义呢？所以，每次电话之前，结合你的目的和对方可能的状况，考虑一下这个时间点是否合适，以及这个

电话催款的时间选择

最佳时间

应避免打电话的时间

电话准备打多长时间。

1）电话催款的最佳时间

每天上午 9：30 开始打电话（如果对方是 9：00 开始工作），给债务人留半个小时进入正常的工作状态。

星期四是打催款电话的好日子。即使是最强硬的债务人，也会因为即将到来的周末而变得情绪好一点，星期五也同样如此。

星期二上午也是打电话的适当时机。不论一个人多么热爱他的工作，完成星期一的繁重任务之后，总会有些放松的感觉。

2）电话催款的应避免打电话的时间

避免在星期五下午 4：00 以后再打电话打扰，因为此时你可能打乱债务人的计划，使其情绪欠佳，如果他们没有兴趣同你谈话，你就给他们制造了一个借口。

避免星期二下午打电话，因为仍有三个工作日需要忙碌而逐步破坏债务人的好心情，这是你打电话催款会碰一鼻子灰的情况。

避免在吃饭时间或者债务人午休、夜间休息时间打电话，因为这个时间往往会使对方的情绪变得更糟糕。

除了电话催款，还可以使用催款函。

催款函是指通过书面文字利用邮递、传真等联系方式进行催款的方式。虽然催款函不是专业的法律文书，但是，由于催款函常常是供货方对客户发放的正式的商业文书，从某种程度上说，它还是具有一定的法律效力的。信函催收常作为电话催收的一种后续手段。在多次电话催收后，如果客户仍无反应，可以发出正式的催收信函。

因为催款函是书面形式的，看起来更正式，所以一般效果会比电话催

催款函

收好一点。催款函使用特快专递、传真、电子邮件发送给对方，也可以当面交给对方。

催款函的具体内容

你是谁

（1）债务人称谓，如债务人姓名，单位负责人，法定代表人的姓名、职务；法人，法人名称或者组织机构的名称。

做什么

（3）具体的要求，如债务人应当履行义务的时间、期限和方式，债务人应当支付的具体款项和金额（包括货款数量、违约金或者银行利息等），债务人对函电的答复期限。

凭什么

（2）催款或索债的事实和理由，债权债务关系的基本情况或法律依据，债务人拖欠债款拒绝履行义务的事实根据。如相关债权债务的票据、合同编号等。

我是谁

（4）债权人单位的相关信息，如单位开户行、账号、开户名称以及负责人签名、发函日期、单位签章等相关内容。

我们来看看催款函要怎么写。我将催款函归纳为四个板块的内容。分别是你是谁、凭什么、做什么、我是谁。

第一块内容，你是谁。所谓冤有头债有主。首先要明确你在向谁要钱，对方的单位名称和负责人的姓名要清楚。

第二块内容，凭什么。就是要债的根据，把合同、发票、送货单等这些证据描述清楚。

第三块内容，做什么。就是你想要对方做什么，明确自己的要求，包括还多少钱、什么时间内还钱、怎么还、多长时间答复等。

第四块内容，我是谁。把自己的信息写清楚，包括单位名称、负责人姓名、联系方式、开户行信息、发函日期等。

第一封催款信函：

尊敬的××先生：

我们与贵公司在×年×月×日交付的货物成交，发票号为第×号。总额为×元人民币的货款已到期。我们附上这一数额的详细内容，希望贵公司能在×年×月×日之前付款，或者通知我们不能及时付款的原因。

开户银行：　　　　　　开户名称：

账号：

此致

顺祝商祺

财务部×××

×年×月×日

附：发票复印件、货物清单

第一封催款函。以财务部的名义发出，附发票、送货单复印件。有理有节，要求明确。

注意：

1）信函语气要强烈，但应彬彬有礼，这一点很重要，任何讽刺或威胁的话都会损害收款人的形象，而且，很可能对收款无益。

2）信函语气要坚定，明确一个付款期限，但不要详细叙述你将要采取的措施，不要提及法律行动，也不要对他的账表示怀疑。

第二封催款信函

尊敬的××先生：

我们于×年×月×日就贵公司逾期未还的货款发过信函，要求结清×月×日××号的发票货款。此款项已经延误了两个多月，至今我们尚未得到任何答复。请速于×年×月×日前结清全部款项。

如果我们得不到回音，只得求助于专业机构来解决货款的回收问题。

开户银行：　　　　　开户名称：

账号：

　　此致

顺祝商祺

　　　　　　　　　财务部经理×××

　　　　　　　　　　×××年×月×日

　　附：发票复印件

第二封催款函，以财务部经理名义发出。第二封催款函提及对方不付款的话将采取的下一步措施。

注意：

1）要语气强硬，公事公办，需要保持职业化形象，避免看上去恼怒或绝望，礼貌而坚定的语气会增强效果。

2）信函要提及对方不付款你将要采取的措施。

3）信函署名职位应高于前一封信。

第三封催款信函

财务总监亲启

尊敬的×××先生：

　　我们遗憾地通知你，贵公司对我们关于×年×月×日第×号发票货款的付款提醒信至今没有任何答复，在此再次附上这一货款的详细情况和清单。

　　我们已把贵公司的账户移交律师事务所，请其代为收款，一切额外费用将由贵公司承担。一旦上述货款在×年×月×日前全额付清，我们将立即停止这一收款代理。

　　　　此致

顺祝商祺

　　　　　　　　　财务总监 ×××

　　　　　　　　　　××年×月×日

　　附：**发票复印件和货物清单**

第三封催款函，以财务负责人的名义发出，措施要求严厉，但不是气急败坏。

注意：

1）签署人级别要高，并注明头衔。

2）信的开头应提及客户对付款的消极反应。

3）措施要严厉，但应表现得平静和老练。

4）诉讼前的最后一封警示函。

最后付款要求

尊敬的××先生

我们是律师事务所，我们的被代理人××公司于×年×月×日起，连续发出三封催款信要求贵公司就×年×月×日第×号发票×元人民币货款给予偿还，可是贵公司一直没有任何答复。我们只能遗憾地通知你，请于×年×月×日前付清该款项或是与×××联系，将付款事宜安排妥当，否则，我们将根据被代理人公司的意愿，正式向人民法院提起民事诉讼，要求贵公司给付货款和逾期利息，并由贵公司承担相应的法律费用。

我们已准备好诉讼所需的有关法律文件，准备于×年×月×日正式提起诉讼。在正式提起诉讼之前我们不再另行通知。

一旦上述金额在×年×月×日前全额付清，我们将立即停止诉讼。

开户银行：　　　　　开户名称：　　　　　账号：

××律师事务所：××律师

××年××月×日

附：发票复印件和货物清单

这是律师函的基本格式。注意，语言是陈述事实，而不是威胁。

注意：

1）为起到重要提醒作用，本信函可打印成红色。

2）语言应当是对事实的陈述，而非威胁。

面访催款

上门讨债之前的准备工作

(1) 准备相应的票据和资料

(2) 制订好工作计划

(3) 掌握客户经营情况

(4) 了解客户负责人员的动向

(5) 了解客户的结款程序和要求

在发送催款函的同时，可以派人到客户那里当面催款。在上门讨债之前，按照 PPT 中列示的准备工作清单，逐项检查是否做好准备工作。

第一，各项文件资料，如合同、订单、送货单、验收单、发票、对账单等，使用复印件，整理清楚，做好目录和索引。

第二，制订工作计划，包括具体时间、行程、人员、目标、费用预算等。

第三，掌握客户经营情况。知己知彼，方能百战百胜。如果对方谎称最近生意不好，手里没钱。你要能立即拿出有力的证据揭穿谎言。

第四，了解客户负责人的动向。不能大老远地跑一趟，结果扑个空。对方人都不在，还怎么要钱。如果对方秘书说领导不在，要有应对方案。

第五，了解客户的结款程序和要求。如果对方说所有付款都要老板审批签字，而这几天老板刚好出国了。这可能吗？老板出国，总要有替代的方案，要么远程审批，要么授权给其他人审批。最好事先摸清楚，每个层级的领导有多大的审批权限，审批流程是什么。

上门讨债应注意的几个事项

(1) 端正心态　　(6) 学会沉默

(2) 要找对人　　(7) 有理由

(3) 要说对话　　(8) 维护关系

(4) 选对时间　　(9) 学会拒绝

(5) 做好沟通　　(10) 学会坚持

上门讨债应注意的几个事项。正心态、找对人、说对话、正当时。

有理有节，斗而不破。这些都属于心法，只有在实践中慢慢揣摩，才能逐步提高自己的催债水平。

债务人主要害怕以下问题：

怕法院	怕银行
怕曝光	怕客户
怕领导	怕员工
怕警察	怕亲友

打蛇打七寸。如果能抓住债务人的弱点，显然催款的成功率会高很多。归纳为八怕：

怕上法院当被告，大失领导体面尊严；

怕报纸、媒体曝光后口碑不佳，广告费白搭；

怕上级知道，得不到提拔；

怕银行知晓，收贷、停贷；

怕客户或同行知道，丢了业务；

怕职工知道，影响士气；

怕亲戚知道，老婆啰唆、恋人变心、邻里嘲讽、同学笑话；

怕东窗事发。

诉讼	适用范围广
	终局性，强制性
	诉讼时限受法律严格限制
仲裁	快
	保密性强
	费用低
调解	无强制力

诉讼和仲裁是催债的终极手段。两种方式各有优缺点。

诉讼的优点是使用范围广，所有民事债务纠纷都可以通过诉讼的方式解决。二审终审。胜诉的话，可以申请法院强制执行。

缺点，过了诉讼时效的话，就失去了胜诉权。裁判文书需要在网上公布，不管输赢，对企业的形象都有不利的影响。经济案件的诉讼费用也较高。

仲裁的第一个优点是过程快。不像诉讼那样一审二审，甚至再审复审，一场官司打个十年八年都有可能。

第二个优点是保密性强，过程和结果都不公开，不影响企业形象。

第三个优点是费用比诉讼低。

仲裁的缺点是没有强制力。到了执行阶段，还是要靠法院。

从专业性角度来说，法院审理案件，更注重法律条文的适用，而仲裁更容易接受商业惯例。

几个相关的法律概念

支付令　　　　　　财产保全

诉讼时效　　　　　先予执行

最后介绍几个相关的法律概念。在催款中可能会用到。

支付令

对于债权债务关系明确，没有其他债务纠纷的，债权人可以不经起诉而直接向法院申请支付令。人民法院根据债权人请求债务人给付金钱或有价证券的申请，以支付令的形式，依法做出的督促债务人限期履行债务义务的法律文书，是一种特殊的法律程序。债务人在收到支付令之日起 15 日内不提出异议又不履行支付令的，债权人可直接申请人民法院强制执行。

诉讼时效

债权人如果三年都没有向债务人主张债权，则该项债权就过了诉讼时效。法院不再支持偿债主张。

财产保全

人民法院在利害关系人起诉前或者当事人起诉后，为保障将来的生效判决能够得到执行或者避免财产遭受损失，对当事人的财产或者有争议的标的物，采取限制当事人处分的强制措施。

就是打官司的时候，先扣押一部分债务人的财产。防止债务人把财产转移了，最后赢了官司也拿不到钱。

先予执行

人民法院在某些案件做出判决以前，为解决和满足权利人当前的生活或生产经营的紧迫要求，基于权利人的申请，先行做出裁定，以责令被申请人立即执行某种给付义务。法院基于债权人的申请，责令债务人先给一部分钱，仅适用于比较紧急的情况。

好，"应收管不好，利润一场空"课程到此全部结束。

十二

财务分析的最高境界

财务分析的最高境界，是这样的一小段话："定标杆，明现状，知差距，评优劣，找原因，提建议，看结果。"一共 7 小句，21 个字。下面我分 7 个小段，分别来解释一下这 21 个字是什么意思。

1. 定标杆

财务分析第一步，定标杆。就是很直观的、字面上的意思，确定目标在哪里。在企业管理中，标杆就是企业愿景，就是企业的预算目标，就是 KPI 的参考值，就是标准成本，就是工时定额等等这些用来参照的标志。很多时候，企业的标杆是不清楚的，具体又可以分为以下几种情况。

第一种情况，企业没有战略目标，走一步看一步。没有战略目标的企业，老板没有方向感，员工没有目标感，注定是很难发展起来的。

第二种情况，老板有自己的目标，但是，老板并没有将自己的目标转化为企业的目标，员工们不知道老板要什么，老板会感觉员工的执行力差。

第三种情况，老板有目标，并且老板也尝试将自己的目标转化为企业的目标，但是，这个转化过程有问题，员工很难接受老板定的目标。比如，很多企业定目标，首先就是确定明年的销售额目标，动不动就翻一番，翻两番。这样拍脑袋确定下来的目标，没有考虑资源的配套，没有科学性。老板强压员工接受这样的目标。员工也只是表面接受了，并没有真正地从内心接受这样的目标，所以，执行起来还是会有很大的问题。

第四种情况，老板有目标，企业有目标，目标的确定也考虑了实际情况，能够得到员工的理解。但是，目标没有进一步的细化，没有用战略地图将企业目标层层分解，明确到每一个岗位。这种情况下，很多中层、基层员工，还是不知道自己的目标是什么，因此，这样的企业也很难实现自己的战略目标。

上面列举了四种不正确的做法。那么，正确的定标杆的方式是什么？正确的定标杆，应该遵循这样的基本流程：第一步，确定企业的愿景；第二步，将愿景转变为中长期计划，比如5~10年的目标；第三步，为了达成中长期目标，那最近几年需要做什么？这样就确定了短期目标，如1~3年的目标；第四步，用科学的预算方式，将下一年度的目标，用数字化方式表达出来；第五步，用企业战略地图工具，层层分解预算目标，直至将目标分解到每一个岗位，每一个最小考核周期。

我们很多财务人员在做财务分析的时候，得到了数据，却不知道如何评价数据。比如，这个月实现五千万的营业收入，好还是不好？我们可以选择比较的对象，可能是去年同期的营业收入，可能是历史上最好的某年同期的营业收入，可能是我们的预算营业收入，可能是我们竞争对手的同期营业收入，等等。所以，确定标杆，是我们进行工作复盘首先要做的事情。没有标杆，也就没有评价的标准，也无从评价做得好坏。

所以，财务分析第一步，定标杆。老板要确定自己的目标，并将之转化为企业的目标和每一位员工的目标。标杆，是我们前进的方向，是我们要到达的终点，是我们的初心，是我们评价的依据。

2. 明现状

所谓明现状，就是查清楚现在的状况。兵法有云："知彼知己，百战不殆。"如果在财务分析的第一步"定标杆"中，将标杆定义为竞争对手，那就是知彼。这里的明现状，就是知己，要认清自己的现状。

客观评价竞争对手很难，能客观地看清自己也不容易。我们评价自己的企业，有定性的一面，也有定量的一面。而要拿出去和竞争对手去比较的，基本上是定量的指标。即使看起来是定性的指标，如客户满意度，也要转化为可用数字衡量的定量指标，比如可以将客户满意度转化为产品合格率、准时交货率、客户投诉率、客户流失率等定量指标。

因此，明现状，第一步要做的是定义指标。这些指标要满足"SMART"原则，就是要具体、可衡量、可达到、相关以及时效性。确定要找的指标后，我们要考虑第二步，如何得到这些指标数值，还要保证这些指标数值的真实、准确、及时、完整。

为了获得指标数值，需要在企业内部建立一套信息与沟通系统，并需要与之配套的保障措施保证信息与沟通系统的有效运转。比如，企业的财务部门就是信息与沟通系统的重要组成部分，财务数据是企业现状的重要指针。按照平衡记分卡理论，企业的表现指标可以分为四类，分别是客户、财务、内部流程、学习与成长。可见，财务指标是其重要组成部分，而且财务指标也是其他三类指标的最终结果。

总结一下，财务分析的最高境界，"定标杆，明现状，知差距，评优劣，找原因，提建议，看结果"，第二步，明现状，就是要查清楚自己企业的现状，客观地看待自己企业，将自己企业的现状用各种可衡量的指标描述出来。比如，别人问，你的公司怎么样啊？你不能说，还不错、蛮好的，这样非常主观的描述，而是可以说，我们公司去年营业额增长了50%，客户数量增加了30%，客户流失率降低了20%，净利润增长了70%，等等。这样客观的、可衡量的指标，才是企业现状的最好的描述。

3. 知差距

知差距，就是要知道现状和标杆之间有多大的差距。差距也有很多不同的表述方式。比如，2020年，企业预算年度销售收入为1.5亿元，到了

2021年1月，上年度的财务报表出来了，销售收入为1.8亿元。那怎么表述实际的销售收入与预算的销售收入之间的差距呢？我们可以表述为，2020年超额3000万元完成销售收入预算。或者，还可以表述为，2020年，实际销售收入超过预算目标的20%。

上面这样两个绝对数金额的相比较是最简单的一种方式。预算费用的比较就会复杂一些。比如，预算2020年的费用总额是1.5亿元，实际费用总额是1.8亿元，那怎么表述这样的差距？可以说费用总额超预算3000万元，或者说费用总额超预算20%，这样和描述销售收入的差距的方式一样。我们控制费用的目标，可能是既不希望太高，也不希望太低，如果是在一个可接受的范围内，都算正常。如确定的目标是费用总额在预算值的正负5%以内。那么，我们就可以将上面的差距描述为，2020年费用总额超过控制目标15%。

还有更为复杂的情况，比如最常见的存货盘点，我们应该怎么描述账面数和实盘数之间的差异呢？这里用一个简单的例子来说明。

假设某企业只有ABC三种存货，A存货单价5元，账面数100，实盘数105；B存货单价6元，账面数200，实盘数192；C存货单价7元，账面数50，实盘数48。我们应该怎么计算盘点差异呢？可能很多人是这样计算的，A存货盘盈数量5，单价5元，盘盈金额25元；B存货盘亏数量8，单价6元，盘亏金额48元；C存货盘亏数量2，单价7元，盘亏金额14元。三种存货盘盈盘亏金额合计为25减48减14等于盘亏37元。也就是说，合计盘亏金额37元。如果要算差错率，就要将盘亏金额除以存货账面金额，存货账面金额等于5×100+6×200+7×50等于2050元，37元除以2050元等于1.8%。

如果我们稍微想一下，就会发现上面的这种描述差异的方法是错误的。我们经常说，功过相抵。但是存货的盘盈盘亏是不能相抵的。我们进行存货盘点的目的，除了要搞清楚实际库存的数量和金额外，还要搞清楚仓库的管理水平。在上面的例子中，如果我们的要求是存货要完全账实一致，不能有误差，那盘点结果是三种存货都有误差，则可以认定仓库的错误率为100%。

在实际工作中，仓库很难做到 100% 的账实一致。我们在管理中可以设置一个允许的差错率，比如小于 5%。则 A 存货差错率为 5%，B 存货差错率为 4%，C 存货的差错率为 4%，三种存货，两种存货的差错率在允许差错率之内，因此，我们总体评价仓库的错误率为 33%。

上面的例子中，我们计算每种存货的差错率，都是用盘盈数或者盘亏数，除以账面数。那如果账面数是 0，该怎么处理呢？我相信聪明的你一定能想到好的办法。

总结一下本期内容。知差距，就是描述理想与现实之间的距离。不同的指标，有不同的描述方法。不能简单粗暴地都用减法，而是要具体问题具体分析。

4. 评优劣

评优劣，就是对第三步得到的差距进行评价，给差距定性。我们经常说，小孩子比较天真，看电影就知道人分好坏，而现实世界的人，远不是仅仅用好人坏人就能区分的。在企业管理中，很多指标也是比较复杂的，评价优劣并不是那么简单，而是要结合具体情况仔细斟酌。

还是用销售收入这个例子。2020 年预算销售收入 1.5 亿元，实际销售收入 1.8 亿元，实际销售收入比预算销售收入多 3000 万元，那么，这是一个好的结果还是一个坏的结果呢？

很多人直观地认为，实际销售收入比预算销售收入大，这当然是好的结果啊。不一定，如果我们从预算准确性这个角度去看，实际销售收入比预算销售收入大 20%，而如果公司的预算误差率要求在 10% 以内，那这样的误差就是超过规定范围的，这就是一个不好的结果。

所以，同样的一个销售收入指标，从不同的角度去看，可能就会得出不同的结论。

在 2020 年，中国发生了疫情，很多公司的业务受到影响。我们咨询师在给很多客户做数据分析的时候，都会发现，这些客户的实际销售费用大大低于预算的销售费用。

从直观上看，实际销售费用低于预算销售费用，这是节约了公司的费用，这是好事啊。然而，事实并非如此，我们要进一步看销售费用为什么少，2020 年销售费用低于预算，是因为受疫情影响，没有去国外参展，所有预算的国外参展费用都没有发生。所以，费用虽然少了，但是没有参展，很可能会影响以后的订单数量，所以，这是一个不好的结果。

从上面的分析中，我们知道，评价一个指标的差距是好的还是不好的，其实是有隐含的前提的。比如，我们说费用降低是好的结果，隐含的前提是花更少的钱办同样的事，我们说收入增加是好的结果，隐含的前提是，同样的投入产生更大的产出。

总结一下，评优劣，不能轻易地下结论，要从多个角度去分析。当然，财务分析人员也不能当老好人，不敢发表意见，没有自己的态度。没有态度的财务分析，是没有价值的。

5. 找原因

一般来说，做得不好的，有原因，做得好的，也有原因。可是大多数人会忽视做得好的原因，而重点强调做得不好的原因。这样显然是片面的。正如《道德经》中的一句话：天下难事，必做于易。从简单的事情做起，积累经验，积累信心，这也是管理改善的一个很有效的策略。

关于找原因，有许多现成的管理模型可以使用。比如，在质量管理活动中，我们经常从"人机料法环"这五个因素去分析产生质量缺陷的原因。而上面的这五个因素，还可以进一步地细分，去寻找更深层次的原因，然后用鱼刺图的形式表示出来。比如人的因素，可以更进一步细分为工作能力因素、工作意愿因素，工作能力因素还可以进一步细分为招聘的因素、培训的因素等，这样一层一层的因素分析中，我们还要注意使用 MECE 原则去检验因素的细分过程是否科学。

还有五个为什么分析法可以用于找原因。五个为什么分析法，就是针对问题的表象，连问五个为什么，一层一层地探究问题背后的真正原因。

五个为什么分析法，可以说是因素分析法的简化版。因为，造成一个问题的原因可能是多方面的，换句话说，是多个因素导致了现在的结果，因素分析法就是把有关系的大部分因素都罗列出来，并一层一层地深入。而五个为什么分析法，则是只抓住最关键的因素，忽视其他不太重要的因素。因此，因素分析法强调分析的全面性，而五个为什么分析法强调分析的深度。

"人机料法环"五因素分析法，不仅仅是质量管理方法，更是一种思维方式，可以应用于很多方面的问题的原因分析。比如，我们分析销售收入为什么不达预期，就可以从这五个因素去分析。人的因素，包括销售员的能力和工作意愿度、销售管理人员的能力、客户的变化等。法，指销售方法，可以理解为销售技巧、话术等方面的因素，等等。

除上面这两种通用的管理模型可以用来寻找原因外，每一个领域也都有自己的分析问题的框架。如进行战略分析时，可以使用 SWOT 模型，进行销售分析时，可以使用 4P 模型，进行财务分析时，可以使用账钱税控器模型，等等。

总结一下，找原因，按照可用的分析框架去找，可能是事半功倍，因此，需要管理者具备基本的管理学知识。

6. 提建议

提建议，就是针对出现的管理问题，根据前一步骤分析的产生问题的原因，提出改善现状的建议。

如果在找原因阶段工作做得比较好，对问题产生的原因分析得全面、透彻，到了提建议这一环节，难度似乎不大。

但是，提建议环节，实际上是一个决策过程。为了保证所提建议能够被采纳、被实施以及起到应有的效果，提建议这个动作，也要遵循一定的流程。

第一步，要建立对建议的评价标准。这样的标准往往是资源约束条件。比如，针对销售收入不及预期这个问题，经过深入的原因分析，认为销售收入不及预期的主要原因是品牌宣传费用投入远远低于竞争对手。现在，需要针对销售收入不及预期这个问题，提出改善方案。如果不建立对方案的评价标准，那改善方案就很容易做，那就是不计代价地砸钱做品牌宣传。但是，这显然是不可能的，任何公司的资源都是有限的，不可能无限制地投入资源到品牌宣传中。因此，就要在提建议之前建立一个标准，就是建议的所需投入资源不能超过一个限额。只有这样，在提建议的时候，除了要考虑增加投入外，更要考虑如何提升投入的效率。

建立评价标准后，就需要开始提出方案。在这个阶段，需要考虑工作形式。比如，需要把方案执行人员纳入工作小组，让他们参与到提建议的过程中来。这样，在方案执行阶段，遇到的阻力就会小很多。

第二步，建议采用头脑风暴的方式，形成多套可行的方案。头脑风暴是自由产生思想的好方法，为了保证头脑风暴的效果，就需要对头脑风暴的过程进行严格的管理，保证大家的积极性。

经过第二步，提出多套可行的方案之后，需要进行第三步，也就是根据不同的维度对方案进行排序，比如有 ABC 三个方案，在投入资源方面，可能是 A 最大，B 最小，C 居中；在需要时间上，可能是 C 最快，B 最慢，C 居中；在成功概率上，可能是 B 最高，A 最低，C 居中；等等。

第四步，对方案进行综合评价，在第三步各维度排序的基础上，对各维度赋予不同的权重，计算综合得分，对各方案进行综合排序。

第五步，也是提建议的最后一步，由有权机构对方案进行决策，决定实施，授权相关的部门、人员去执行方案。

总结一下，提建议这个环节，也可以细分为五个步骤：第一步，建立评价标准；第二步，提出方案；第三步，方案排序；第四步，方案综合评价；第五步，方案决策并实施。

7. 看结果

一切管理行为，都是为了获得一个预期的结果。结果也是新的开始，可以形成新的管理行为的循环。

比如，在 2020 年 12 月份的时候，确定 2021 年 1 月份的销售额目标为 1200 万元，这就是定标杆，确定目标。经过 2021 年 1 月份的工作，到了月底，财务报表出来，一看，实际销售额只有 1100 万元，没有达到预期。这是一个不好的绩效表现。这个时候，要分析原因，要提出改善建议。在这个时候，又需要设定 2021 年 2 月份的销售额目标，假设为 800 万元，定下目标后，执行提出的管理改善措施，这样又到了 2 月底，财务报表出来，一看，实际销售额为 900 万元，实际销售额超过了目标销售额。

在上面的这个例子中，我们应该如何评价管理改善措施的效果呢？也就是说，要看结果没有错，但是结果到底是好还是坏，也还是要仔细评价的。因为时间在流逝，历史永远无法重来，第一个循环中的差距和优劣，已经成为历史。针对历史的情况提出的改善措施，需要去对未来的情况产生影响。而第二个循环的结果，有多大程度是由环境的变化造成的，又有多大程度是由改善措施造成的，是不能轻易下结论的。

用数据来说明这个道理。1 月份的目标销售额为 1200 万元，实际销售额是 1100 万元，2 月份的目标销售额是 800 万元，实际销售额是 900 万元。

对改善措施进行评价，如果执行改善措施的目标就是能够实现超预算销售，那无疑 2 月份实际销售额超过了预算销售额，改善措施起到了作用。但是，且慢，这个改善措施是针对 1200 万元这个目标销售额提出来的，现在实际销售额只有 900 万元，实际销售额远低于原来的目标销售额。这样看来，改善措施似乎没有起到应有的作用。2 月份，实际销售额能够超过目标销售额，也许是目标销售额定得太低了。

所以，我们在这里，就需要仔细推敲，2 月份的目标销售额定得是否合理。2 月份、1 月份的目标销售额确定的基本假设和流程是否一致。

为了使以上工作更容易进行，在上面的例子中，建议在 2020 年 12 月份的时候，同时确定 2021 年 1 月、2 月、3 月的销售目标。这样在 2 月份采取改善措施的时候，才有一个相对稳定的比较对象。

这个例子还告诉我们另外一个注意点，就是在制定改善措施的时候，不能仅仅把考虑因素局限在历史条件中，而是要结合未来的变化趋势，这样才能提出更符合实际情况的改善措施。

好，本期的分析就到这里。财务分析的最高境界，"定标杆，明现状，知差距，评优劣，找原因，提建议，看结果"，你记住了吗？

十三

你是董事吗？亿元赔偿，怕不怕？

2021 年 11 月 12 日，广州市中级人民法院对全国首例证券集体诉讼案做出一审判决，判定康美药业赔偿证券投资者损失 24.59 亿元，康美药业的 5 名独立董事承担连带赔偿责任，江镇平、李定安 2 名董事共计需承担 4.918 亿元的连带赔偿责任；张弘承担 2.459 亿元的连带赔偿责任；郭崇慧、张平 2 名董事共计需承担 1.2295 亿元的连带赔偿责任。一时风声鹤唳，8 天内 17 家上市公司公告独立董事辞职。特别需要注意的是，在 2019 年的证监会行政处罚中，上述 5 位独立董事已经被罚款合计 85 万元，其中江镇平、李定安被罚 20 万元，张弘、郭崇慧、张平分别被罚 15 万元。

那这些独立董事从上市公司领多少薪酬呢？真没多少，根据公开信息，江镇平、郭崇慧年薪 12 万元，张平年薪 5.09 万元，李定安年薪 16.8 万元。

这就是丫鬟的命、小姐的病，拿着卖白菜的钱，冒着卖白粉的风险。

对于广大吃瓜群众来说，这个瓜够大。但是，这仅仅是上市公司独立董事的风险吗？不是，每一个企业的董事、高管，都可能会面临这样的风险。

打开企业信息登记系统，看看你是不是一家公司的董事、高管，如果你是一家公司在企业信息登记系统里面注册在案的法定代表人、董事、经理或财务负责人，那么，你就可能面临巨额连带赔偿责任的风险。

我们经常说的"有限公司""有限责任公司""股份有限公司"，这里的"有限"责任，指的是股东以其认缴投资额为限对公司债务承担有限责任。但是，很多老板的身份，并不仅仅是股东，还很可能是董事、经理。董事、经理对公司承担的可不是有限责任，而是无限连带责任。

用一个简单的例子说明。张三、李四、王五3人出资成立一家有限公司，称为A公司。张三的股权比例为70%，李四的股权比例为20%，王五的股权比例为10%。张三担任A公司的执行董事、法定代表人，李四担任经理，王五在A公司没有担任任何职务。

张三做主，为另外一家B公司提供担保，结果B公司欠银行的钱没还上，A公司被银行直接划走了500万。张三是A公司的大股东，自认倒霉就可以了吗？没有这么简单。A公司损失500万，王五的利益就受到了侵害。王五完全可以提起诉讼，要求张三对A公司承担赔偿责任，赔多少？有多少损失就要赔多少，张三个人要赔500万给A公司。

这就是董事、高管对公司的勤勉、尽责义务，也就是董事、高管的无限连带赔偿责任。

所以，康美药业的这个案例，事实上激活了《公司法》第一百四十七条："董事、监事、高级管理人员应当遵守法律、行政法规和公司章程，对公司负有忠实义务和勤勉义务。"第一百四十九条："董事、监事、高级管理人员执行公司职务时违反法律、行政法规或者公司章程的规定，给公司造成损失的，应当承担赔偿责任。"有理由判断，在康美药业这个案例之后，董事、监事、高级管理人员被判对公司承担赔偿责任的案件会越来越多。

所以，创业有风险，学点财务、法律常识很有必要。

十四

破产不可怕，连带责任才是真败家

近日，深圳触电电子商务有限公司创始人、微商的代表性人物龚文祥的一则群公告刷屏网络，在群公告中，龚文祥说他被工商税务公安法院等专案组联合查处，公司已经破产，高额处罚使个人已经到了负债累累、卖房卖车、倾家荡产、身无分文的灭顶之灾地步。

电商是税务违法重灾区，国家暂时没查到，不代表那些偷税漏税的人就可以一直逍遥法外。事实上，电商领域是税务稽查最容易的领域，因为所有的交易数据都保存在服务器上面，税务机关可以随时调阅这些历史数据，很容易算出来经营者应该交多少的税。

在这里，不说这位龚老板如何高调炫富。我们讨论一个严肃的话题：公司偷税漏税，为什么会让老板卖房卖车、陷入身无分文的灭顶之灾？

我们经常说"有限公司""有限责任公司""股份有限公司"，这里的"有限"是什么意思呢？是这家公司的发展前途有限吗？不是，这里的"有限"，是指这家公司的股东承担有限责任。

举个例子，张三、李四两个人投资开一家桃桃有限公司，这家公司注册资本100万元，张三持股70%，认缴注册资本为70万元，李四持股30%，认缴注册资本30万元。如果桃桃有限公司合同违约，经过法院判决，需要赔偿债权人300万元，那怎么赔呢？看桃桃有限公司有多少资产，把公司所有的资产变卖了，赔给债权人。如果资产都卖了，也不够赔的，法院会宣告桃桃有限公司破产，破产的意思，就是不会全额赔给债权人了，有多少资产，变卖后，按照法定的顺序偿还债务。在破产的情况下，基本上债权人只能拿到很少的赔偿款。

那债权人能找股东张三、李四，要求他们赔偿吗？一般情况下不能。有两种情况可以，第一种情况，股东张三、李四虽然分别认缴了70万、30万，但是他们的注册资金并没有实缴到位，债权人就可以要求股东把欠缴的注册资金缴付到公司，然后再赔偿给债权人。此种情况下，不管章程写的出资期限有没有到，都要在破产清算的时候缴付到位，也不受民法上三年追偿期限的限制。第二种情况，债权人有证据证明股东张三、李四的个人资产和桃桃有限公司的公司资产不分，比如，张三用他的个人银行账户收取桃桃公司的营业款，张三开着桃桃有限公司名下的车去旅游，张三拿家里购买空调的发票到桃桃有限公司报销等，此种情况下，张三对桃桃有限公司的债务要承担连带责任，也就是说，桃桃有限公司还不上的钱，股东张三要用他的个人财产、家庭财产来偿还。

长财咨询的咨询顾问在做咨询项目的时候，发现不少中小企业主，虽然注册了公司，合同也是用公司的名义签的，但是，销售收款、采购付款、发工资等，都是通过股东的个人银行账户收款、付款的，销售不开发票，采购也不索要发票。那注册这样的公司有什么意义呢？在这种情况下，公司完全是一个空壳，所以股东也享受不到"有限"责任的好处。

当然，上面说的都是民事责任。也就是企业与客户、供应商、员工等相关方发生诉讼，需要承担的经济上的责任。

我们回到主题，对于企业因为偷税漏税而需要承担的责任，并不是我们刚才说的民事责任，而是行政责任、刑事责任。行政责任就是行政法规定的责任，一般有罚款、滞纳金、取消业务资质等形式。罚款、滞纳金，一般人都懂，就是要把钱交给国家，这里既可能罚企业的钱，也可能罚个人的钱。那是不是像龚老板在群公告中说的那样，只要人气在，就能东山再起呢？没有那么简单，按照《公司法》的规定，企业破产的，且负有个人责任的董事、经理、厂长，三年之内是不能担任董事、监事、高管的。对于快速变化的互联网来说，三年时间很长。等他三年后回归，很可能人气早就过了。

不管怎么样，龚老板没有被关进监狱，还能发声，已经是他的造化了。在此，重复他的血泪教训——"一定要打公账、一定要打公账、一定要打公账"。

公是公，私是私，公司是公司。股东只是公司的"奶妈"，公司小的时候，股东要扶持公司长大；公司大了，就是社会的公司、国家的公司。

十五

企业如何使用期权激励员工

对于上市公司而言，股票期权是一个很常见的金融工具。而对于中小民营企业而言，期权就是比较神秘的东西，很多老板也是搞不清楚期权到底应该怎么做。在这么多年的咨询生涯中，笔者见识了很多奇奇怪怪的期权实施方案，基本上都是没有起到应有的作用。为了帮助广大的中小民营企业老板能够理解、掌握期权的概念和使用方法，下面我用一个模型来说明期权到底是怎么回事。

假设张三、李四两个人在 2019 年 3 月共同设立一家大华公司，张三出资 700 万元，占 70%的股权，李四出资 300 万元，占 30%的股权。到了 2020 年 6 月，张三、李四感觉公司的技术实力不行，急需引进一名技术牛人，于是通过猎头，找到了一位在行业内有一定知名度的技术专家王五。张三代表大华公司和王五谈招聘条件。王五说："我要求固定年薪 200 万元，按月平均发放，另外，还要求大华公司 10%的股权。"

张三觉得王五要求年薪 200 万元没有问题，也比较符合市场行情。王五要求持有 10%的大华公司的股权，张三与李四一商量，觉得这个要求也不过分。但是，这个事情该如何操作呢？

难道是在王五通过试用期，转为正式职工后，这三个人做一个股权转让协议，把张三的 70%的股权中的 7%、李四的 30%的股权中的 3%直接转让给王五吗？是不是办个工商登记就可以了？王五要给张三、李四钱吗？

显然，这样是有很大问题的。第一，王五刚刚转为正式员工，是否能为大华公司创造价值，还存在不确定性。第二，是不是要给钱？如果给钱，给多少钱？大华公司从 2019 年 3 月经营到 2020 年 6 月，已经有了一年多的时间，如果截至 2020 年 6 月底，公司有 500 万元的利润，那么，张三将 7% 的股权卖给王五，按照税法的要求，转让价格不能低于 105 万元【计算过程（700 万 +300 万 +500 万）×7% = 105 万】，其中有 35 万元为增值部分，是需要缴纳个人所得税的，缴纳个人所得税的金额等于 35 万 × 20% = 7 万元；同样的道理，李四将他持有的 3% 的股权转让给王五，也需要缴纳个人所得税 15 万 ×20% = 3 万元。

张三、李四需要为这件事额外缴纳个人所得税，看起来非常的不合算。而且，王五需要支付给张三 105 万元，支付给李四 45 万元，一共需要支付 150 万元，王五有没有钱支付，是否愿意支付，也是问题。

那么，能不能做个协议，写 1 元转让，或者 0 元转让？这是不行的，股权转让价格不能低于净资产价格，这是法律的强制性规定。即使股权转让合同这么写，该交的税还得交。

那如果张三、李四两个人把 10 万元的个人所得税缴了，然后并不需要王五支付 150 万元给他们两人，是否可以？

也还是有很大的问题。王五没有花钱，就白得了 10% 的股权，这就是张三、李四赠予了价值 150 万元的股权给王五，王五也是需要缴纳个人所得税的，金额等于 150 万 ×20% = 30 万元。即使不在接受股权的时候缴纳个人所得税，将来王五将持有 10% 的股权转让出去，一样需要把这部分个人所得税交上。所以，这种操作方式，是有很大问题的，税收成本很大。

那么，什么是期权呢？所谓期权，就是期待的权利，未来的权利。现在设定一个条件，在未来某个时间，被授权人可以行使这个权利，也可以放弃这个权利。

还是用上面的这个案例来说明。

先要明确一个概念，每 1 元出资额的价格。如果是股份公司、上市公司，都是有股本数的，然后对应的有每股价格，因为中国的上市公司，基本上每股面值都是 1 元（只有紫金矿业特殊，是每股面值 0.1 元）。每股面值 1 元，还是每股面值 0.1 元，其实也没有多大关系。就好像一个人卖鸡蛋，他可以把 10 个鸡蛋放在一版里面，这一版卖 8 元，也可以把 20 个鸡蛋放在一版里面，这一版卖 16 元。这样两种不同的打包方式，虽然对买鸡蛋的人来说，要看哪种包装更适合自己，但是，实际上每个鸡蛋的价格是没有什么区别的。

在有限公司里面，没有股本的概念，我们就需要用出资额这个概念。出资额，就是企业的实收资本金额。比如，在上面的这个案例中，张三出资 700 万元，李四出资 300 万元，一共 1000 万元，那大华公司的实收资本就是 1000 万元，也就是说，大华公司的出资额是 1000 万元。

第二个概念，企业价值，或者企业估值。简单地说，就是这个企业值多少钱。对于上市公司而言，企业估值很容易查到，打开任意一个炒股软件，里面都会显示一家上市公司的市值，那就是这家上市公司的企业价值。企业价值等于每股价格乘以股本数。对于非上市公司而言，是比较难确定企业价值的。一般来说，有几种确定非上市公司企业价值的方法：第一种，按照净资产金额确定企业价值，税法的规定就是如此，所以股权转让价格不能低于净资产金额；第二种，按照市盈率法确定企业价值；第三种，按照净现金流贴现法确定企业价值。各种估值方法都比较复杂，而且，不同估值方法计算出来的企业价值，也可能有比较大的差异。所以，在实践中，对于非上市公司而言，用净资产金额作为企业价值，是比较靠谱的方法。

企业净资产，等于实收资本+资本公积+盈余公积+未分配利润。其中，盈余公积+未分配利润也可以称为留存收益。在大华公司刚设立的 2019 年 3 月，只有实收资本 1000 万元，因此，此时，大华公司的企业净资产金额就是 1000 万元，我们可以认为此时大华公司的企业价值就是 1000 万元。

到了 2020 年 6 月，经过一年多时间经营，大华公司有了 500 万的利润，而且也没有向股东分配过利润。因此，此时，大华公司的净资产金额就等于 1000 万元的实收资本加上 500 万元的未分配利润等于 1500 万元，所以此时大华公司的企业价值就是 1500 万元，上面说王五购买大华 10% 的股权，需要支付的价格就是 1500 万×10% = 150 万元。在这个时候，大华公司的出资额是 1000 万元，企业价值是 1500 万元，所以，大华公司的每 1 元出资额的价格为 1.5 元（1500 万÷1000 万 = 1.5 元）。如果难以理解，那么认为大华公司有 1000 万股，每股价格 1.5 元，差不多也是这个意思。

搞清楚出资额和企业价值这两个概念之后，才能再引入期权这个概念。

上面说过，张三想把王五引进来担任研发总监，王五提出的条件是年薪 200 万元，另外加 10% 的大华的股权。年薪是按月发放的，如果张三认为王五的能力与这么高的年薪不匹配，张三是可以要求解除劳动合同的。所以，对于大华公司而言，这没有太大的风险。而如果在王五入职的时候，就给他 10% 的股权，这个对于张三、李四两个人而言，风险就比较大，因为上面分析过，10% 的股权，价值 150 万元，就给了王五，但是，王五的能力到底如何？能不能给大华公司创造价值？并不确定。

那应该如何谈呢？张三可以代表大华公司与王五这样约定：以 2020 年 7 月 1 日为开始，到 2021 年 6 月 30 日结束，为期一年，在这一年里，大华公司只给王五发固定年薪。但是，到了 2021 年 7 月 1 日，王五就有一个选择权，王五有权利以每 1 元出资额 1.8 元的价格，购买大华公司的股权，购买上限是 100 万元出资额。

下面，我们推演未来的一年中，会发生什么情况。

第一种可能，王五的能力较差，没有达到张三的预期，到了 2020 年年底，大华公司和王五解除了劳动合同。在这种情况下，还没有到 2021 年 7 月 1 日，因此，王五还没有权利购买大华公司股权。所以，不需要处理股权的问题。

第二种可能，王五的能力一般，到了 2021 年 6 月 30 日，在这一年中，大华公司利润为 200 万元，此时，大华公司的净资产为 1500 万 +200 万 = 1700 万元，大华公司的出资额还是 1000 万元，因此，此时，大华公司每 1 元出资额的价格为 1.7 元（1700 万 ÷1000 万 = 1.7 元），而王五和大华公司约定的购买价格是每 1 元出资额 1.8 元，行权价格高于实际价格，因此，王五理性的选择是不会购买大华公司 10% 的股权，因为他购买的话，就等于他要亏 10 万元（180 万 -170 万 = 10 万元）。

第三种可能，王五的能力超强，到了 2021 年 6 月 30 日，在这一年中，大华公司利润为 1300 万元，此时，大华公司的净资产为 1500 万 +1300 万 =2800 万元，大华公司的出资额还是 1000 万元，因此，此时，大华公司每 1 元出资额的价格为 2.8 元（2800 万÷1000 万 =2.8 元），而王五和大华公司约定的购买价格是每 1 元出资额 1.8 元，行权价格低于实际价格，因此，王五应该是会行权，也就是用 180 万元去购买价值 280 万元的大华公司 10% 的股权。也就是说，王五在这一年里，除了拿到 200 万元的固定年薪外，还额外挣了 100 万元（280 万－180 万 =100 万元）。

那么，从张三、李四两个原股东的角度来考虑，什么情况是对他们更为有利的呢？

在上面三种情况中，第一种情况，王五没有干到底就走了，肯定是对大华公司、对张三李四、对王五，都是最差的情况，不做过多讨论。

第二种情况，王五放弃购买大华公司的股权。在这种情况下，到了 2021 年 7 月 1 日，大华公司的净资产为 1700 万元，张三持有 70% 的股权，因此张三持有股权的价值为 1700 万×70% =1190 万元，同样的，李四持有 30% 的股权的价值为 1700 万×30% =510 万元。

第三种情况，王五需要根据合同行权，张三、李四分别需要将 7%、3% 的股权卖给王五。交易之后，张三持有大华公司 63% 的股权，股权价值等于 2800 万×63% =1764 万元；同时，张三还从王五那里拿到股权转让款 180 万×70% =126 万元，张三的资产价值合计 1764 万 +126 万 =1890 万元。李四持有大华公司 27% 的股权，股权价值等于 2800 万×27% =756 万元；李四从王五那里拿到股权转让款 180 万×30% =54 万元，李四的资产价值合计为 756 万 +54 万 =810 万元。王五持有大华公司 10% 的股权，股权价值等于 2800 万×10% =280 万元，王五支付了 180 万元的股权转让款，因此，他从这个交易中实际得到的价值是 280 万－180 万 =100 万元。

对比上面第二种、第三种情况，我们会发现，在王五的努力下，大华公司的利润越多，王五就越可能行权，购买大华公司的股权。原来的股东，得到的资产价值也就越大。因此，这是一个新老股东共赢的结果。这就是期权能够发挥其激励作用的原因。

最后，对期权做一个简单的总结。要对员工做期权激励，就需要确定几个基本要素：第一个要素，如何确定企业价值，大家需要达成一致意见。这里我建议用企业的净资产金额作为企业价值。第二个要素，确定期权的等待期。在前面的例子中，从 2020 年 7 月到 2021 年 6 月，这就是期权的等待期，等待期实质上就是被激励对象努力创造价值的期间。一般来说，等待期不能短于一年，时间太短，被激励对象的努力还没有见到效果。建议等待期在 1~3 年。等待期太长，被激励对象也有可能等不及就走了，期权计划也就失败了。第三个要素，确定行权价格。就是等待期结束，到了行权期，被激励对象以什么价格购买公司的股权。这个价格应该高于期权授予日净资产的价值，加上历史上企业的正常净资产增加值。这样算下来，增量的净资产，就是新老股东分享的价值。第四个要素，确定被激励对象可以买多少股权。如上面的例子，王五可以购买 10% 的股权。第五个要素，确定被激励对象获取股权的方式，是购买老股东手里的股权，还是企业增资发行新的股权。这个要看企业的发展情况，如果企业处于高速发展阶段，比较需要资金，建议让企业发行新股。这样被激励对象购买股权的资金就进入企业，能够增加企业的资金实力。

从上面的分析可以看出，企业做期权激励，还是比较复杂的，如果没有搞懂其中关键点而乱搞的话，不但无益，反而可能让企业分崩离析。因此，建议企业找专业的机构帮助做期权激励计划，这样比较稳妥。

十六

员工如何不花钱取得公司的股权？

即使是实行期权计划，被激励对象也是要拿出真金白银购买公司股权的。那没有资金的员工，怎样才能获得公司的股权呢？靠老板的白送吗？就算不考虑白送带来的个人所得税的问题，得到这种带有施舍意味的股权，恐怕它的味道也不是那么的香。那么，有没有一种方法，能够让员工堂堂正正、理直气壮地拿到公司的股权，还不用员工实际拿出资金来买？

真的有这种方法。其实很简单，就是债权转股权，简称债转股。

很多老板在招聘员工的时候，不想花很多的钱发工资。但是，没有高工资，又招不来有能力的人，怎么办？老板们的绝招就是"画大饼"，给员工描述美好的未来："你在这里好好干，现在我们公司小，但是我们发展快啊，将来就会提高待遇，还会上市，到时候，你就能实现财富自由了。"

其实，老板"画大饼"也没有关系。敢于"画大饼"的老板，至少是有梦想的老板，跟着这样的老板干，总归比跟着没有梦想的老板干要有意思。作为员工，需要观察的是，"画大饼"的老板，有没有将自己的承诺落实到纸面、落实到协议上的勇气。如果敢把承诺都写成白纸黑字，签字画押，那这样的老板，就值得跟随。

比如，大华公司要招聘一名营销总监，通过猎头，找到了李四。大华公司的老板张三与李四谈薪酬待遇。张三说："我看了你的简历，要求的薪酬是税后年薪 100 万元。你也知道，我们是一个初创的公司，现在资金状况也比较紧张。你看能不能薪酬低一点，我们给你公司的股份。"

李四应该怎么说呢？这里建议，李四可以这么说："没有问题，我是做销售的，知道一切靠业绩说话。这样，我这里有一个建议，你看看是否可以。"

张三说："说来听听。"

李四说："第一，我要求每月税后底薪 2 万元，这是我的基本生活费，不能再少了。第二，增加业绩薪酬，按照我实现销售额的一定比例计算业绩薪酬。每月销售额在 500 万元以内的，提取销售额 3% 的业绩薪酬，销售额在 500 万元~1000 万元的，提取销售额 5% 的业绩薪酬，销售额超过 1000 万元的，提取 8% 的业绩薪酬。"

张三说："这个没有问题。"

李四说："我知道公司现在处于发展阶段，比较需要资金。我也很看好这个公司的发展。因此，我可以把应得的业绩薪酬暂存在公司，用于公司的日常经营。不过公司要给我打欠条，证明公司是确实欠我一部分工资。另外，我要求，在明年 2 月份，我有权用我手里的工资欠条，换取公司的股权。"

张三说："那怎么换呢？"

李四说："按照今年年底公司净资产的价格换。比如，我今年实现的销售业绩一共是 8000 万元，按照上面的规则计算，公司应该支付给我 400 万的业绩报酬。如果到了年底，公司的账面净资产金额是 5000 万元的话，那我的业绩报酬全部换成公司的股权，我就可以拿到公司 8% 的股权。"

张三说："那不行，你今年换 8%，明年换 8%，这样几年下来，你就成公司的大老板了，那我去哪里？"

李四说："这是不可能发生的事情。我是从公司挣到了不少钱，但是，公司得到的利润更大啊。假如第二年，我还是实现 8000 万的业绩，应该拿到 400 万的业绩报酬。那公司的利润至少增加 800 万吧，这样到第二年年底，公司的净资产就成了 5800 万，我同样把 400 万业绩报酬都换成股权，换到的股权比例也就只有 6.8% 了。所以，我拿同样多的钱，换到的股权比例是越来越小的。"

张三说："要是这样的话，也不是不可以。那具体怎么操作呢？"

李四说："这其实很简单。到第二年年初的时候，公司把奖金发给我，我把欠条还给公司。同时，做个增资协议，我再把钱打回公司，做个工商变更登记就可以了。就是走个账的事，很简单。"

张三说："好，那就这样办，我们把这些内容都写在合同里面。对我们都有个保障。"

总结一下，用上面的方法，员工就可以不拿自己的钱，换到公司的股权。对于公司而言，这也是非常合适的。因为，只有这名员工实实在在地为公司创造了价值，他才有可能换到公司的股权，因此，对于公司来说，是没有风险的。员工能够拿到多少股权，完全取决于他自己的能力，这样挣到的钱，对员工的激励作用最大。

另外，还有一个好处。处于初创期的企业，失败的概率非常的高。如果这个计划执行到一半，这个企业支持不下去了，要破产了。那么，在破产债务清偿顺序上，员工薪酬是排在最前面的，优先于普通债权的清偿，因此，这对于员工来说，是一个很好的利益保护的手段。即使是公司的大股东，只要他在公司里面任职，也可以用这种方法来更好地保护自己的利益。

十七

咨询师眼中的"周转"

很久以来，江湖中就流传着一个"老刘卖衣"的故事。

老刘的老婆给老刘投入 10,000 元，让老刘到批发市场批发牛仔裤，然后到路边摆摊销售。一个月，老刘把这些货全部卖完，卖了 15,000 元，赚了 50%。老刘把赚的 5,000 元上交给他老婆，又拿着 10,000 元去进货。选好了 10,000 元的货，要付款的时候，发现钱被偷了。只得如实向老婆汇报。挨了一顿臭骂之后，生活还得继续，于是老婆把刚收到手里的 5,000 元分成两份，一份 2,500 元留着给孩子买奶粉，另一份 2,500 元交给老刘让他继续进货。

老刘只好硬着头皮，拿着 2,500 元又去做生意。这次进了 2,500 元的货，情况还不错，2,500 元的货，一周之内卖完了，还是赚 50%，赚了 1,250 元。赶紧把赚的 1,250 元交给老婆，作为孩子奶粉钱。拿着 2,500 元又去批发，批发回来又卖了一周，又赚了 1,250 元钱；又去批发，批发之后又卖了一周，卖了又去批发……最后，这一个月下来，一共批发了四次货，卖了四次货。

那么，第二个月，老刘一共卖多少钱？15,000 元。赚了多少钱？第二个月和第一个月销售量是一样的，赚的钱也是一样的，5,000 元。进了四次货，每次 2,500 元，一共进货 10,000 元，赚 50%，所以第二个月也是赚5,000 元。

那么，问题来了，老刘第二个月赚 5,000 元，和第一个月赚 5,000 元，都是 5,000 元，一样吗？不一样，因为第一个月，老婆给老刘投资 10,000

元，老刘给老婆的回报率是 50%；第二个月，老刘还是赚 5,000 元，但是老婆给老刘的投资只有 2,500 元，所以老刘给老婆的回报率是 200%。

这是一个神奇的数学问题，也是企业实现财富增值的大秘密。也许很多老板对此现象有所感悟，但是，能够对此现象第一次做系统的、理论上的总结的人，是一个美国小伙儿，他的名字叫法兰克·唐纳德森·布朗（Frank Donaldson Brown），一个做销售员的工程专业毕业生，被财务主管看上，成为杜邦公司的财务分析师。这位美国小伙儿在财务分析师的岗位上，艰苦奋斗、努力创新，提出了至今都被全世界财务人士奉为圭臬的杜邦分析法，从此迎娶白富美（杜邦创始人的侄孙女），当上 CEO，走上人生巅峰。

在大名鼎鼎的杜邦分析法中，有一个重要指标叫作总资产周转率，计算公式是用营业收入除以平均总资产。如果对总资产周转率进一步分析，还可以分解为应收账款周转率、存货周转率、固定资产周转率等指标；在财务分析中，我们还经常使用应付账款周转率这个指标。与应收账款周转率、存货周转率、应付账款周转率对应的，还有应收账款周转天数、存货周转天数、应付账款周转天数三个指标，用应收账款周转天数，加上存货周转天数，减去应付账款周转天数，可以得出一个数值，这就是一个新的财务分析指标，我们称之为营运周期。

上面这么多概念中，如周转率、周转天数，到底是什么意思呢？其实，财务分析中使用的"周转"这个概念，就是从钱到钱的循环过程。如本文开头的例子中，老刘一开始从老婆手里拿到钱，然后买货、卖货，手里又拿到钱，这就是企业经营中的一个"周转"，或者说是一个营运周期。

当然，在企业实际经营中，因为账期的存在，周转率、营运周期的计算会复杂一点，下面用一个简单的模型来说明。

A 企业和 B 企业签订采购合同，A 从 B 采购一台设备，约定账期 60 天，6 月 15 日，B 企业将设备送到 A 企业的仓库。A 企业经过一段时间的销售工作，和 C 企业签订合同，A 将此台设备卖给 C，约定账期 90 天。8 月 20 日，A 将设备送到了 C 的仓库。8 月 15 日，A 向 B 支付了设备采购款，11 月 20 日，C 向 A 支付了设备款。

站在 A 的角度，如何计算营运周期呢？A 将设备卖给 C，账期是 90

天，因此，应收账款周转天数是 90 天。设备在 6 月 15 日送到 A 的仓库，在 8 月 20 日，设备又被送给了 C，因此，设备在 A 的仓库中存放了 65 天，也就是存货周转天数是 65 天。A 从收到设备，到向 B 支付货款，中间有 60 天，也就是应付账款周转天数是 60 天。营运周期=应收账款周转天数+存货周转天数−应付账款周转天数 = 90 天+65 天−60 天 = 95 天。从具体日期上来验证，A 企业 11 月 20 日收到货款，8 月 15 日支付货款，中间间隔 95 天，两者是一致的。

这个模型是假设一家企业只发生一笔业务，但是，在现实生活中显然不会如此，企业的业务都是循环往复、连续不断的，此种情况下，如何理解应收账款周转率这个概念呢？下面再举一个例子来说明。

先看一张表：

2020 年		摘要	单据号	借方	贷方	余额
月	日					
1	1	销售出库	D001	2,000		2,000
1	10	销售出库	D002	3,000		5,000
		本月合计		5,000	−	5,000
		本年累计		5,000	−	5,000
2	3	销售出库	D003	1,000		6,000
2	4	销售出库	D004	1,500		7,500
2	6	销售出库	D005	800		8,300
2	25	销售回款	D001		2,000	6,300
2	28	销售回款	D002		3,000	3,300
		本月合计		3,300	5,000	3,300
		本年累计		8,300	5,000	3,300
3	4	销售出库	D006	900		4,200
3	7	销售出库	D007	1,000		5,200
3	12	销售出库	D008	800		6,000
3	25	销售回款	D003		1,000	5,000
		本月合计		2,700	1,000	5,000
		本年累计		11,000	6,000	5,000

　　这是常见的应收账款明细账格式，截至 3 月底，应收账款有 5,000 元，如果看明细的话，可以看出，这些余额中，有 2,300 元是 2 月产生的，有 2,700 元是 3 月份产生的。但是，实际业务中，可能应收账款的交易非常的多，无法追踪到每一笔应收账款产生的时间，于是我们就用简易的方法来计算一下，应收账款余额已经产生了多长时间。在上面这个表格中，借方发生额本年累计是 11,000 元，1~3 月份算 90 天，可以计算出平均每天产生应收账款的金额是 122.22 元，那期末余额有 5,000 元，是多少天累积形成的呢？再用余额 5,000 元除以每天产生的应收账款金额 122.22 元，得到的天数是 41 天，比一个月多一点，和上面看明细产生时间在 2 月、3 月份，时间上是一致的。这样算出来的天数，我们可以称之为应收账款周转天数，也就是应收账款从产生到收回之间的间隔天数。可能有的人会有疑问，既然要计算应收账款从产生到收回之间的间隔天数，那不应该看收回的那些应收账款吗？比如 D001 业务，1 月 1 日产生，2 月 25 日收回，间隔 55 天，D002 业务，1 月 10 日产生，2 月 28 日收回，间隔 48 天，D003 业务，2 月 3 日产生，3 月 25 日收回，间隔 51 天。如果以金额作为权重，则加权平均的间隔天数为 51 天。后面一种算法当然更精确。但是，如果从整体上看，两种方法计算出来的结果应该是一样的，可以从数学上证明，在此不再赘述。

　　学过财务的人，可能认为书上的应收账款周转率公式是赊销收入除以平均应收账款，应收账款周转天数公式是 360 除以应收账款周转率，和上面的计算方法不同。其实，除了口径不一致外，公式是一致的。书上的公式，更适合用于年度报表的指标计算，上面的计算方法，比较适合每个月报表分析计算指标。如果用赊销收入计算的话，分子是不含税的金额，分母是含税的金额，二者口径不一致，计算误差较大。用 360 除以应收账款周转率，就是等于应收账款平均余额除以每日平均销售额，和上面的计算方法一致。

　　上面列示了应收账款周转天数的计算方法，应付账款周转天数、存货周转天数计算方法与此类似，不再详述。我们还需要知道的是，应该如何评价这些指标？

很多搞财务的人会认为，应收账款周转天数越少越好，存货周转天数越少越好，应付账款周转天数越长越好，这样就可以减少资金的占用，事实真的如此吗？

答案是否定的。要想减少应收账款周转天数还不简单，所有产品必须现款现货，不得赊销。这样就不存在应收账款，应收账款周转天数为0，不能再短了。但是，企业经营必须考虑实际的市场情况，如果不允许赊销，产品就卖不出去，销售额就起不来，这样减少应收账款周转天数还有什么意义呢？

存货周转天数也是一样，如果存货周转天数太短，很可能是生产停工待料、销售缺货的征兆，这并不是好事。如果应付账款周转天数超过约定的账期，很可能是公司资金紧缺，无力支付供应商货款，随后而来的可能是大量的诉讼。

因此，上述三个指标，都不能仅就数字而发表优劣的结论，还需要结合其他指标进行综合分析，判断其表现。

评价结果出来了，那我们应该如何改善？

这个时候就需要深入业务环节去调查原因，提出改善措施并加以执行了。正如长财咨询精益生产咨询师提出的那样，大部分的中小型制造企业，只要到车间、仓库去观察，就会发现问题在哪里。就像一条高速公路，所有车正常行驶的时候，大家都很顺畅，一旦有车发生故障，就发生拥堵，即使只堵住了一个车道，所有的车流速度都会降低下来，影响了整体的通行效率。企业生产经营也是如此，整体的运营效率，取决于效率最差的那个环节，管理者的任务，就是找到那个最差的环节——整体流程上的"堵点"，并改善它。然后再发现新的"堵点"，再改善，循环往复，不断提升整体运行效率。这样的"堵点"，可能是某台设备产能不足，可能是某个员工操作不熟练，可能是物料流转路径浪费，可能是来料合格率太低，可能是加工工艺不合理，可能是管理者重视程度不够，等等等等，不一而足。

古人云"流水不腐，户枢不蠹"，企业的资金、资源只有在流转中才能不断增值，实现财富的增长，而总资产周转率、应收账款周转率等这些指标，就是衡量企业资金运转效率的标尺。从指标中发现问题，然后再按照精益生产的思想、方法去解决问题，不断优化，企业的经营效率就能越来越好。

十八

数字化企业管理

数字经济已经成为世界发展趋势，《习近平谈治国理政》中指出"世界正进入以信息化为主导的经济发展时期。我们要把握数字化、网络化、智能化融合发展的契机，以信息化、智能化为杠杆培育新动能……做大做强数字经济"。

一提到数字经济，很多人就会联想到 BAT，联想到数据中心、人工智能这些看起来"高大上"的企业和业务形态，难道传统产业，如机械制造、服装、食品、电子电器、建筑装饰等，真的如"昨日黄花"，就突然成了"徐娘半老"，突然就"不香"了吗？

事实并非如此，至少在可以预见的未来，人类还是需要"衣食住行"的，就还需要这些看起来很传统的行业。更为重要的是，对数字经济的正确理解，并非是要各地一哄而上建设数据中心、发展人工智能等，而是要将信息化、智能化与传统行业、传统企业相结合，推动现有行业、现有企业的数字化转型，实现现有企业的数字化管理、数字化运营。

国家发改委等 13 部门联合发布的《关于支持新业态新模式健康发展、激活消费市场带动扩大就业的意见》中提出传统企业数字化转型的建议，2020 年 5 月 13 日，国家发改委也在其官方网站发布《数字化转型伙伴行动倡议》。国家有关部门的一系列文件，正逐步将数字化经济从概念转化成行动。

那么，对于广大的中小微企业而言，到底什么是数字化企业管理？应当从何处着手做数字化运营呢？

在企业管理中，最常见的数字就是财务数据。事实上，企业绝大多数经营活动的效果，最后都会通过财务数据体现出来。因此，企业进行数字化转型，从经验管理到数字化管理，从"摸着石头"运营到数字化运营，需要做的第一件事就是要建设企业的财务系统。企业只有能够及时地出具真实、准确、完整、翔实的财务管理报表，企业管理层才能获得经营管理活动的"反馈"，进而调整、优化企业的经营、管理活动。

但是，对于很多非财务专业的企业管理者来说，财务数据非常的枯燥，难以理解；企业财务人员和管理层也难以沟通。造成这个问题的原因是财务在核算过程中引入了一个基本假设，就是"货币计量假设"，把所有企业的经济活动都用货币来计量，就把经济活动抽象化了，因此造成管理层对财务数据理解的困难。

其实，要解决这个问题很简单，就是要用一个简单的公式"金额 = 数量×单价"，将财务报表上面的金额单位恢复到业务数据。例如，期末财务报表上列示"存货：1345 万元"，可能很多管理层都看不出来这是什么意思。但是，如果把存货分解为每一项原材料、成品等明细项目，并列示出来相应的数量、单价。我想任何一个熟悉企业情况的人，看到这样的一张存货明细表，都能大概判断这张表是否与企业实际情况相符，也能看出表中列示的明细项目，哪些可以使用，哪些可以销售，哪些可能要报废，等等，这样就可以把财务数据与具体的管理行为结合起来。

当然，要完成上面说的这样一张明细表，背后要做的工作有很多，比如，需要企业有完善的 ERP 系统。实施 ERP 系统也绝不是买套软件就可以的，实施过程中需要完善大量的业务流程梳理、人员培训、硬件投入等具体的内容，这都是建设企业财务系统的具体工作。

数字化企业管理，企业管理者需要掌握的数字量非常的庞大，如采购数据、销售数据、生产数据、员工工时、资源耗费等直接与财务表现有关系的数据，也有客户投诉、员工流失率、客户复购率、员工培训时间等与财务表现没有直接关系的数据。所有的这些数字，都需要及时地以直观的方式呈现给管理层，以便于管理层能够及时调整经营活动。

总结而言，数字经济已经成为发展趋势，所有企业必须顺应趋势，及时进行数字化转型，进入数字化管理、数字化经营的新时期。而企业进行数字化管理和经营，财务系统建设就是一个必须且十分有效的突破点。

十九

任性“花呗”，凭本事借的钱为什么要还？

央行《信用报告》分分钟教你做人。

近日，“蚂蚁‘花呗’部分用户接入央行征信系统”的消息引起很多人的关注，这对每一个用户有什么影响？如果在“花呗”上借了钱不还，还能愉快地玩耍吗？

答案是否定的，蚂蚁“花呗”接入央行征信系统，如果有人在“花呗”上借钱不还，他的《信用报告》就会出现污点；情况严重的话，他可能再也无法办理房贷、车贷，申请不到信用卡，甚至买不了高铁票、飞机票，生活会受到非常大的影响，可以说是寸步难行。

这个《信用报告》是个什么东西？为什么会让欠钱不还的人难逃天罗地网？耐心往下看。

一、《信用报告》的信息来源

如果张三在中国银行借了房贷，在建设银行借了车贷，另外还在招商银行办理了信用卡，那么，有没有一个地方可以看到张三在所有银行的借款信息呢？有。这就是中国人民银行的征信系统。每一家银行都将借款人的基本信息、借款/还款情况录入人民银行的征信系统。如果以张三的个人信息去登录这个征信系统，就可以看到张三在所有银行的借款、还款信息。这样的信息形成一个固定格式的书面报告，这就是张三的《信用报告》。

《信用报告》的信息来源，有银行，还有其他金融机构，如“花呗”这样的互联网金融机构。随着征信系统的建设，除了银行，会有越来越多的信息被纳入征信系统，如一个人是否被法院列入被执行人、有没有拖欠水费电费等，都会影响一个人的信用。

二、《信用报告》的作用

征信系统是极其庞大的，花费必定不菲。那《信用报告》有什么用呢？

《信用报告》主要用于个人银行信贷和信用卡的审批。如果张三去中国银行申请贷款，中国银行就会根据张三提供的身份信息去查询他的《信用报告》。如果银行认为张三的信用记录不好，不符合发放贷款的条件，那张三就会贷不了款。这样就可以降低银行的风险。

银行在审批贷款过程中，会重点关注《信用报告》的哪些内容呢？

1. 逾期记录

如果一个人最近 5 年逾期达到"连 3 累 6"，即连续 3 期逾期或一年内累计 6 次逾期，银行会认为借款人有赖账习惯、信用不佳，很可能会拒绝这个人的贷款申请。所谓逾期，就是借款人没有按照合同规定的时间归还银行借款的本息。

2. 贷款记录

如果一个人在最近一段时间找多家银行申请贷款，银行可能就会认为这个人是在"拆东墙补西墙"；或者一个人同时欠多家银行很多钱了，已经超出了他的还款能力。银行在《信用报告》上看到这些信息后，基本上就会拒绝这个人的贷款申请；或者会降低贷款额度、提高贷款利率。

3. 基本信息

银行会关注借款人在《信用报告》上面的基本信息，如婚姻状况、居住地址、工作单位、职务等。把这些信息与借款人提供的信息比对，看看借款人有没有隐瞒虚报。另外，银行也可以从一个人工作单位与居住地址的变化判断他经济状况的稳定性。银行是典型的"嫌贫爱富"行业，怎么判断一个人有钱没钱？以前可能是看穿着，现在则看开什么样的车、住什么样的房。

4. 《信用报告》查询情况

征信系统会记录《信用报告》的每一次查询，如果一个人的《信用报告》在短期内被多次查询，银行可能会认为这个人在到处申请贷款，这将降低借款成功的可能性。

三、《信用报告》的查询方式

目前，有三种途径可以查询个人《信用报告》。

1. 现场查询。每个人都可以到全国各类查询点提供的柜台、自助终端进行查询。可登录中国人民银行征信中心网站查看现场查询地址。

2. 互联网查询。登录互联网个人信用信息服务平台（https：//ipcrs. pbccrc. org. cn/），注册用户成功后，提交查询申请的第二天就可以看到注册用户的《信用报告》。

3. 通过获得授权的全国性商业银行的手机银行查询。如在建设银行手机银行"首页"的搜索框中输入"信用报告"，同意查询协议之后，就可以查询到自己的《信用报告》。

四、如何维护信用记录

《信用报告》如此重要，我们应该怎样给银行"留个好印象"呢？做到以下三点：

1. 不要手欠，有事没事地去查自己的《信用报告》。上面说过，查多了，银行可能认为你已经欠钱到"饥不择食"的地步了。

2. 及时变更预留在银行的个人信息。如果自己的电话、联系地址变了，要及时通知银行变更预留在银行的基本信息。银行一旦发现你欠钱不还，而且还联系不上，十有八九会认为你在企图"跑路"。

3. 最重要的一点，借了钱就要按时足额还；对自己的还款能力有充分的认知，不要欠债太多。

五、有没有后悔药

万一在《信用报告》上有了不良记录，还能亡羊补牢吗？《征信业管理条例》规定，征信机构对个人不良信息的保存期限，自不良行为或者事件终止之日起为5年；超过5年的，应当予以删除。比如张三在2010年10月刷了信用卡1万元，本来应该在11月还信用卡的，结果没钱还，这样就逾期了，《信用报告》上就出现了"污点"，那是不是5年之后，这个"污点"就自动消除了呢？不是。张三必须把刷信用卡的钱，包括逾期产生的利息、滞纳金等所有的欠款还给银行，再过5年，才能消除这个"污点"。